D1924537

Erstes Malen und Basteln

Erstes Malen und Basteln

Ravensburger Buchverlag

Inhaltsverzeichnis

Die Form 6

Die Farbe 26

Die Struktur 46

Der Punkt und die Linie 66

Die Maße 88

Die Figur 106

Die Form

Die Form ist die äußere Erscheinung der Dinge und wird über optische oder taktile Reize (sehen und fühlen) wahrgenommen.

Es gibt die verschiedensten Arten von Formen: offene und geschlossene, leere und gefüllte, symmetrische und asymmetrische, flächige und dreidimensionale und noch viele andere.

offene Form

geschlossene Form

geschlossene leere Form

Formen unterscheiden sich auch in Struktur, Größe und Proportionen. Außerdem lassen sie sich auf einer ebenen Fläche darstellen (Farbflecken, Linien) oder aber räumlich (Knetformen).

Formen betrachten

Wenn man die Größe, Struktur und den Umriss eines Elementes oder Gegenstandes betrachtet, kann man seine Form bestimmen.

Eine CD und ein Knopf unterscheiden sich beispielsweise in Struktur und Größe, haben aber den gleichen Umriss: Sie sind rund. Andererseits können zwei Gegenstände eine ähnliche Form haben, sich aber im Umriss unterscheiden – wie die beiden Steine.

CD

Knopf

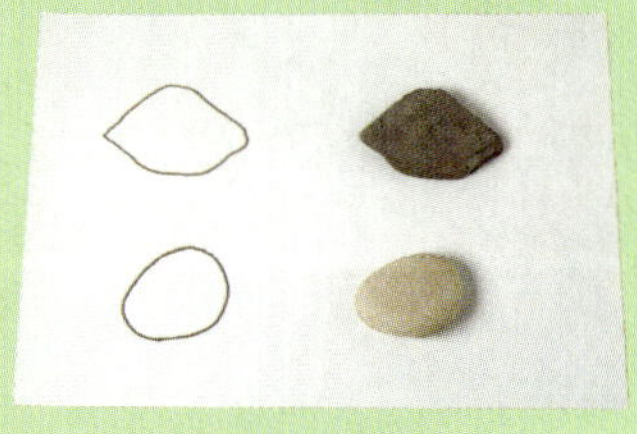

Steine

Symmetrie und Asymmetrie

Kann eine Figur in der Mitte geteilt werden, sodass zwei identische Seiten entstehen, handelt es sich um eine symmetrische Form. Sind die beiden Seiten verschieden, ist die Form asymmetrisch.

Ein Quadrat ist symmetrisch.

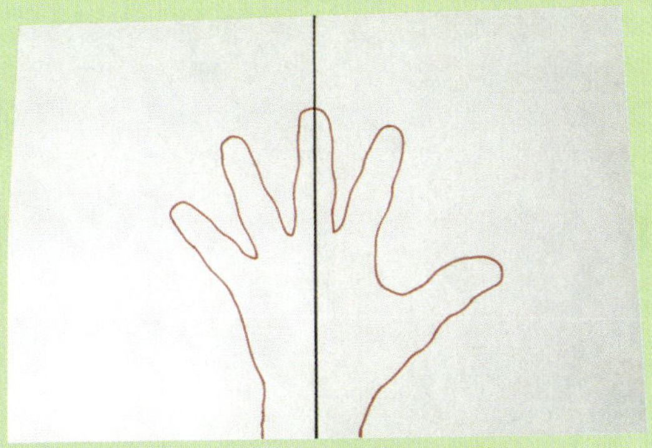

Eine Hand ist asymmetrisch.

Geometrische Formen

Die ersten geometrischen Formen, die wir erkennen und erlernen, sind der Kreis, das Quadrat und das Dreieck.

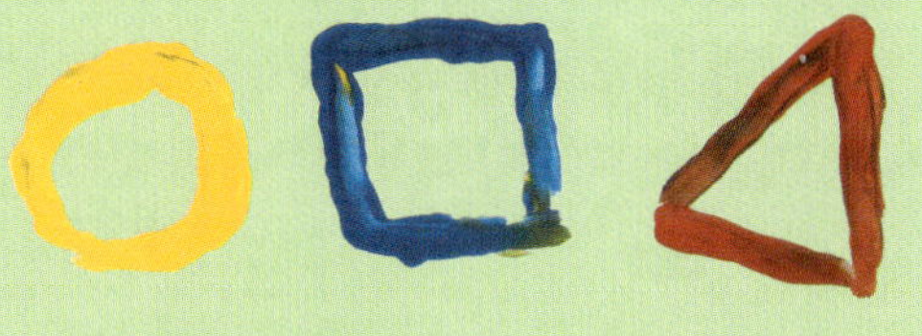

Die zweidimensionale (flächige) Form ist eine Form, die sich auf einer ebenen Fläche darstellen lässt und nur zwei Dimensionen hat: Breite und Höhe.

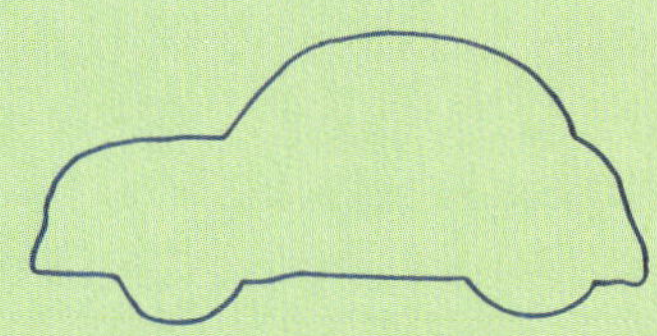

Wenn du den Umriss eines Gegenstandes auf Papier nachzeichnest, wie hier bei diesem Spielzeugauto, erhältst du eine flächige Form.

Die dreidimensionale (räumliche) Form ist eine Form, die drei Dimensionen hat: Breite, Höhe und Tiefe.

Zerknülle ein Stück Zeitungspapier, sodass ein Ball entsteht – fertig ist deine dreidimensionale Form.

Bunte Hände

Die beiden Hälften des Zeichenkartons sind symmetrisch.
Deine Hand ist asymmetrisch.
Jetzt kombinieren wir dies in einem Bild.

Material

- weißer Karton DIN A3
- schwarzer, gelber, roter und grüner Filzstift
- gelbe, rote und grüne Fingerfarbe
- drei dünne Gummihandschuhe
- Schälchen für die Farbe
- Lineal

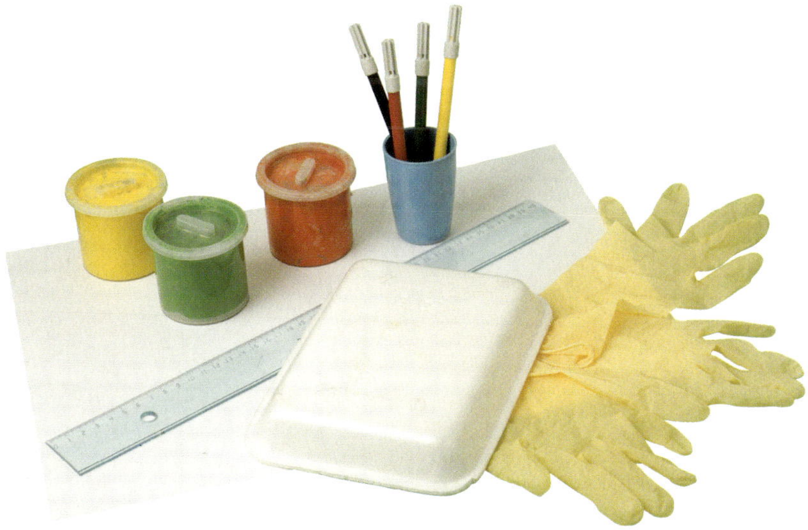

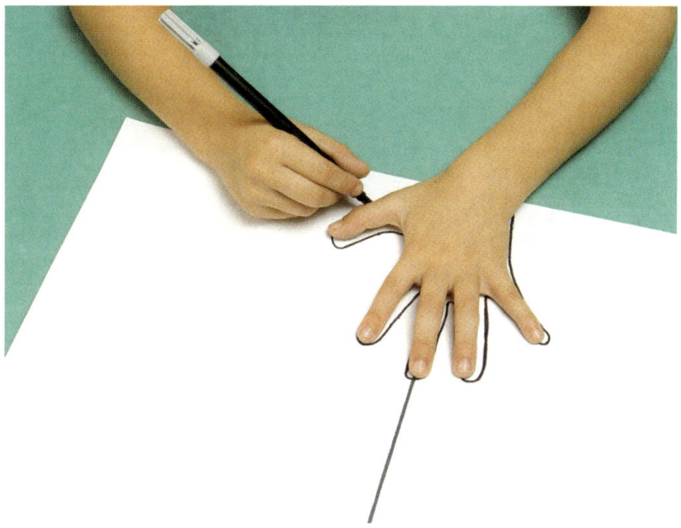

1 Falte zuerst den Karton in der Mitte zusammen. Falte ihn dann wieder auf und zeichne mit dem Lineal die Falzlinie nach. Jetzt hat der Karton zwei symmetrische Seiten.

2 Lege eine Hand auf den Karton, sodass der Mittelfinger auf der vorher gezeichneten Linie liegt. Zeichne den Umriss deiner Hand mit dem schwarzen Filzstift nach. Jetzt hat auch deine Hand zwei Seiten, doch sie sind nicht symmetrisch, sondern asymmetrisch.

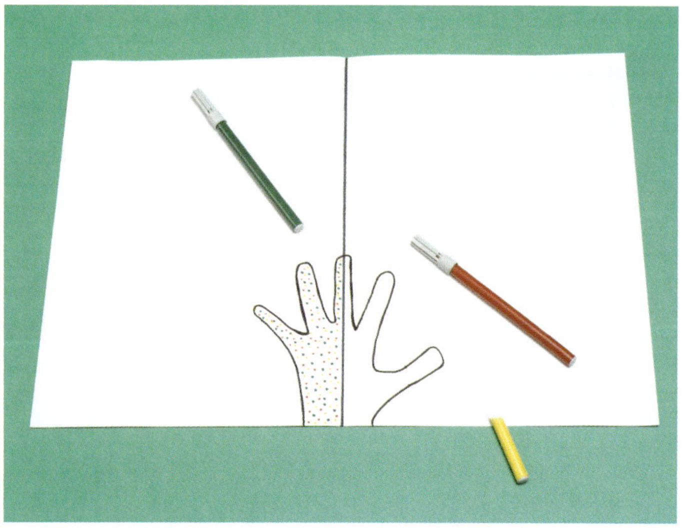

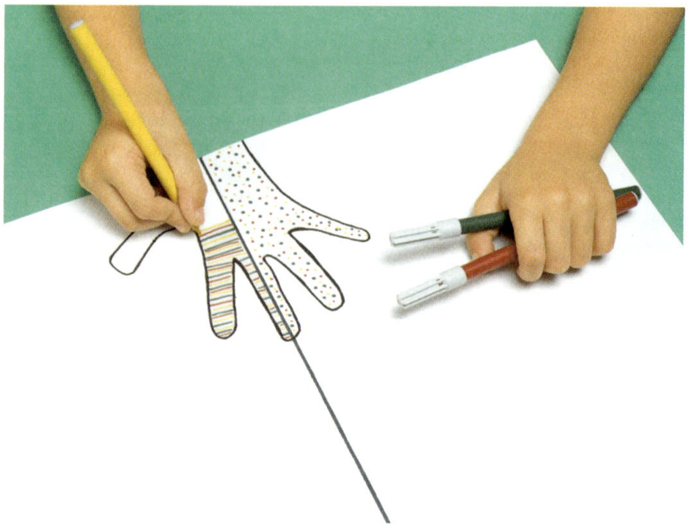

3 Verziere die eine Hälfte der Hand mit farbigen Punkten, die du mit Filzstiften in verschiedenen Farben auftupfst.

4 Male die andere Hälfte mit bunten Filzstiftlinien aus.

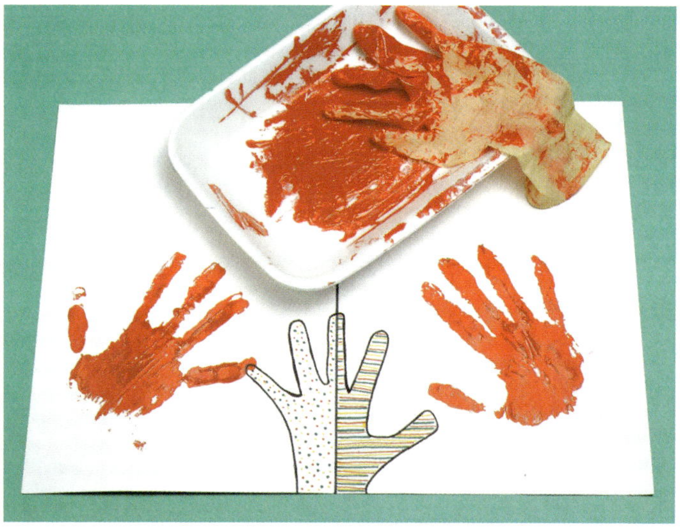

5 Zieh einen dünnen Gummihandschuh an und tauche deine Hand in die rote Fingerfarbe. Drücke sie dann auf den Karton, einmal rechts und einmal links von der mit Filzstift gezeichneten Hand.

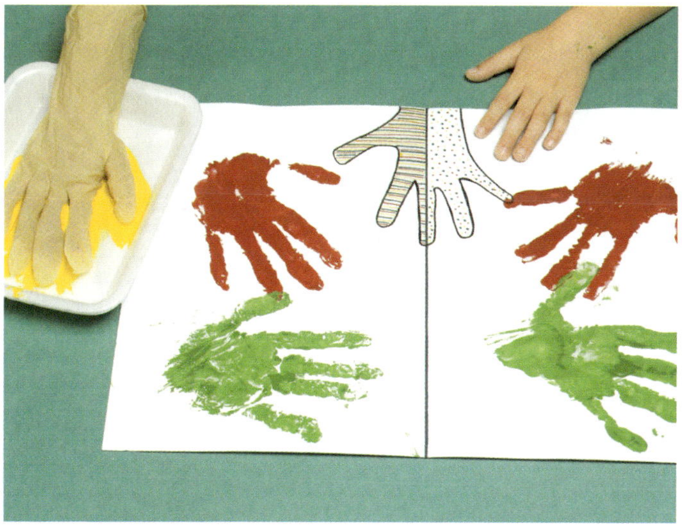

6 Macht es Spaß, mit der Hand zu stempeln? Dann mach gleich weiter: Zieh einen anderen Gummihandschuh an, tauche ihn in die grüne Farbe und stemple noch zwei Hände auf den Karton.

7 Als Letztes ziehst du den dritten Handschuh an, tauchst ihn in die gelbe Farbe und stempelst damit eine gelbe Hand oben auf den Karton. Wenn du dir die Hände genau anschaust, stellst du fest, dass keine davon symmetrisch ist.

Malen, basteln und lernen

- Symmetrie und Asymmetrie verstehen.
- Die Asymmetrie der Hände im Vergleich zu einer symmetrischen Fläche erkennen.

Klecksmalerei

Möchtest du sehen, wie schön ein symmetrischer Farbklecks aussehen kann? Um dies auszuprobieren, brauchst du nur weißen Karton und verschiedene Farben.

Material

- weißer Karton DIN A3
- schwarzer Filzstift
- blaue, rosa, weiße, gelbe und rote Plakatfarbe
- Pinsel

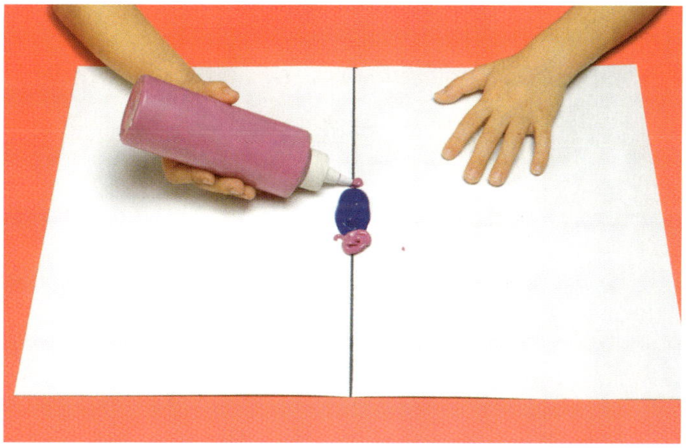

1 Falte zuerst den Karton in der Mitte zusammen und öffne ihn wieder. Zeichne dann die Falzlinie mit dem schwarzen Filzstift nach.

2 Gib etwas blaue Farbe mitten auf die schwarze Linie. Darüber und darunter tupfst du jeweils einen kleinen Fleck rosa Farbe auf.

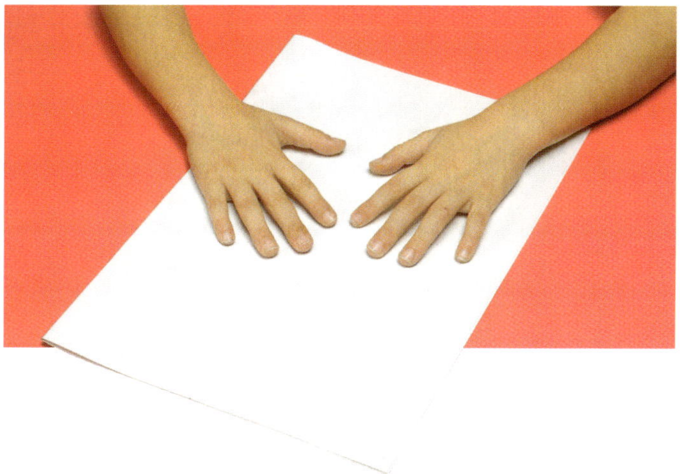

3 Gib etwas weiße Farbe auf den blauen Fleck. Tupfe dann mit dem Pinsel gleichmäßig rote und gelbe Punkte auf eine Hälfte des weißen Kartons.

4 Falte den Karton wieder entlang der schwarzen Linie zusammen. Drücke vorsichtig mit den Händen darauf, damit die Farbe sich verteilt. Danach kannst du den gefalteten Karton wieder öffnen.

Malen, basteln und lernen

- Den Begriff Symmetrie verstehen.
- Fantastische Formen aus einer Mischung verschiedener Farben entstehen lassen.

Stadt zur Geisterstunde

Hast du schon einmal darauf geachtet,
wie der Umriss einer Stadt in der Dunkelheit aussieht?
Hier kannst du eine Stadt zur Geisterstunde basteln.

Material

- zwei weiße Kartons DIN A3
- schwarze Farbe
- Farbwalze
- Pergamentpapier
- Zeitschriftenpapier
- Aluminiumfolie
- gelbe Knetmasse
- Klebestift
- Schere
- Bleistift
- Behälter für die Farbe
- Vorlage (S. 126)

Tipp:
Falls du keine Farbwalze hast, kannst du auch einen dicken Pinsel zum Anmalen benutzen.

1 Male einen der weißen Kartons mit der Farbwalze schwarz an und warte, bis er richtig trocken ist.

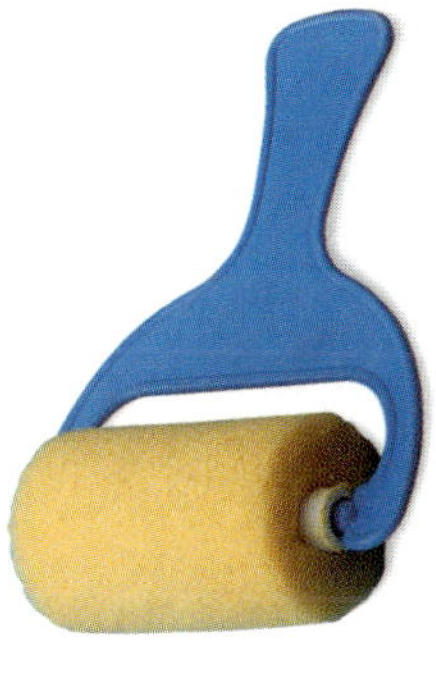

2 Übertrage nach der Vorlage von Seite 126 den Umriss einer Stadt auf den zweiten weißen Karton. Dazu brauchst du das Pergamentpapier und den Bleistift.

3 Schneide den Umriss vorsichtig aus, damit er nirgends reißt. Klebe ihn auf den Karton, den du schwarz bemalt hast. Wenn du mit dem Ausschneiden Schwierigkeiten hast, bitte einen Erwachsenen, dir zu helfen.

4 Bastle nun die Fenster und die Türen für die Häuser. Reiße dazu die Zeitschriftenseiten in kleine Stückchen für die Fenster und in etwas größere für die Türen.

5 Klebe die bunt beleuchteten Fenster und Türen jeweils an den richtigen Platz.

6 Forme aus der gelben Knetmasse eine Mondsichel und klebe sie auf den schwarzen Karton, der den Himmel über deiner Stadt darstellt.

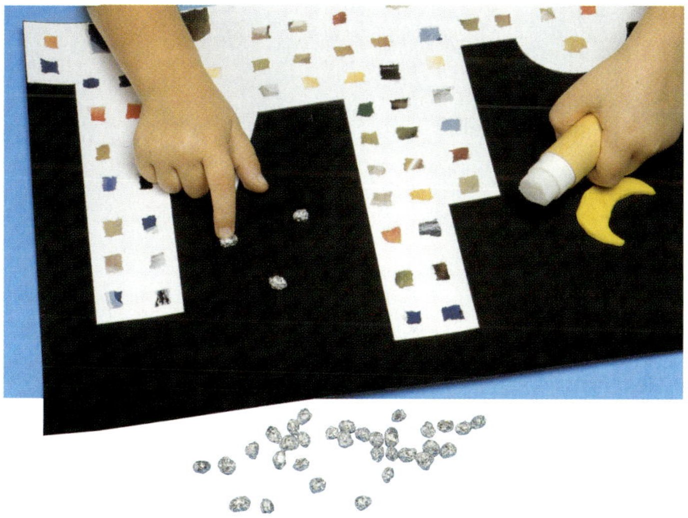

7 Nun fehlen nur noch die Sterne am Nachthimmel. Forme Kügelchen aus Aluminiumfolie, verteile sie gleichmäßig am schwarzen Himmel und klebe sie fest. Fertig sind die Sterne.
In der Nacht sieht alles anders aus, auch deine Stadt.

Malen, basteln und lernen

Beobachten, wie sich die Form und Farbe von Gegenständen bei Tag und Nacht verändert.

Herbstblätter

Im Herbst verfärben sich die Blätter der Bäume und fallen ab. Das kannst du besonders gut im Wald beobachten. Aber hast du dir die Form der Blätter schon einmal genau angeschaut?

Material

- ein großes Herbstblatt
- naturfarbener Karton DIN A3
- ein grüner und ein roter Filzstift
- Seidenpapier in verschiedenen Farben
- Klebestift

1 Nimm ein schönes getrocknetes Blatt, lege es in die untere Ecke des naturfarbenen Kartons und zeichne seinen Umriss mit dem grünen Filzstift nach.

2 Lege das Blatt dann in die gegenüberliegende Ecke des Kartons und zeichne es mit dem roten Filzstift nach. Jetzt hast du zwei gleiche Umrisse, die beide leer sind.

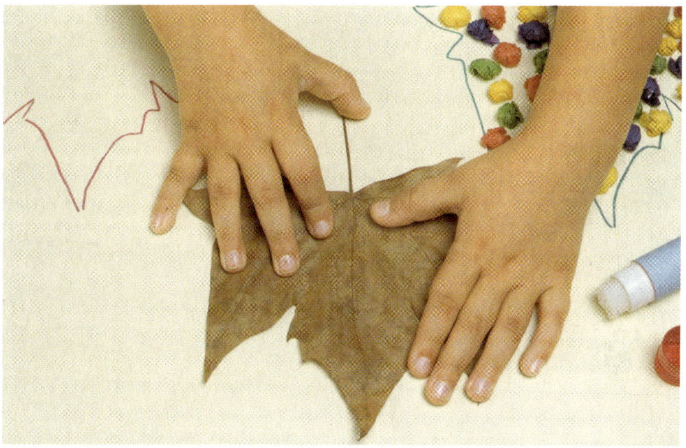

3 Nun kannst du damit beginnen, einen der Umrisse auszufüllen.
Forme Kugeln aus dem farbigen Seidenpapier und klebe sie in das grün gezeichnete Blatt.

4 Zum Schluss klebst du das Blatt, das du abgezeichnet hast, oben auf den Karton. Welches der drei Blätter gefällt dir am besten?

Malen, basteln und lernen

- Den Unterschied zwischen einer leeren und einer gefüllten Form erkennen.
- Strukturen verändern.

Stell dir vor ...

Stell dir vor, was du alles aus einem Dreieck, einem Quadrat und einem Kreis machen kannst! So einfach ist es, aus diesen drei Grundformen etwas Interessantes zu basteln.

Material

- rosa Karton DIN A3
- schwarzer Filzstift
- Klebestift
- Seidenpapier in verschiedenen Farben
- zwei gelbe Knöpfe
- blaue Schnur
- Zeitungspapier
- Zahnstocher

1 Zeichne mit dem schwarzen Filzstift ein auf der Spitze stehendes Dreieck, ein Quadrat und einen Kreis auf den rosa Karton

2 Reiße Seidenpapier in verschiedenen Farben in Stückchen und klebe diese auf die Basis des umgedrehten Dreiecks. Sieht das nicht aus wie ein leckeres Eis?

3 Klebe jetzt die beiden Knöpfe als Augen in den Kreis. Dazu kommen ein Stück Schnur als Mund und weitere Stücke als Haare. Das ergibt ein lustiges Gesicht.

4 Zum Schluss reißt du ein dreieckiges Stück Zeitungspapier aus und klebst es oben auf das Quadrat. Klebe außerdem drei Zahnstocher als Tür in das Quadrat – und schon hast du ein schönes Häuschen.

Malen, basteln und lernen

Vorstellungskraft und Beobachtungsgabe anregen, indem ein Zusammenhang zwischen den geometrischen Grundformen und der Form bestimmter Gegenstände hergestellt wird.

Symmetrische Blume

Diese farbenfrohe, symmetrische Blume wächst nicht im Garten.
Du kannst sie aus weißem Karton, Zellophanpapier
und grünen Pflanzenblättern selbst basteln.

Material

- weißer Karton DIN A3
- vier grüne Blätter eines Baums
- schwarzer Filzstift
- orange, rotes und blaues Zellophanpapier
- Pergamentpapier
- Schere
- Prickelnadel und Filzunterlage
- Klebestift
- Lineal
- Bleistift
- Vorlage (S. 127)

1 Zeichne mit dem Lineal und dem schwarzen Filzstift eine senkrechte und eine waagerechte Linie auf den weißen Karton, sodass vier gleiche Teile entstehen.

2 Übertrage die Vorlage der Blume von Seite 127 mit Bleistift und Pergamentpapier auf den Karton. Die Linien auf den Blütenblättern und im Zentrum der Blume müssen mit den Linien auf dem Karton übereinstimmen. So sitzt die Blume genau an den vorgezeichneten Symmetrieachsen.

3 Stich erst die Blütenblätter mit der Prickelnadel auf der Filzunterlage aus, dann das Zentrum.

4 Halte dich auch beim Verzieren der Blume an die Symmetrie. Schneide mit der Schere je zwei Stücke orange und blaues und ein Stück rotes Zellophanpapier zu.

5 Drehe den weißen Karton um und klebe die orange Zellophanpapierstücke auf die Blütenblätter, die auf einer der beiden Symmetrieachsen liegen.

6 Klebe dann die blauen Zellophanpapierstücke auf die Blütenblätter der anderen Symmetrieachse. Das rote Zellophanpapier kommt ins Zentrum.

7 Zum Schluss klebst du die vier grünen Laubblätter schräg zwischen die Blütenblätter – und siehe da, sie sind auch symmetrisch. Fertig ist deine einzigartige, völlig symmetrische Blume.

Malen, basteln und lernen

- Symmetrie in der vertikalen wie in der horizontalen Ebene erkennen.
- Blumen in der Natur betrachten und ihre Blüten nachbasteln.

Die Farbe

Farben erkennen

Es gibt drei Grund- oder Primärfarben:

Rot Blau Gelb

Werden sie zu gleichen Teilen gemischt,
entstehen die so genannten Sekundärfarben:

Rot + Blau = Violett Rot + Gelb = Orange Gelb + Blau = Grün

Farbe als Ausdruck der Gefühle

Der erste optische Eindruck, den ein Kind wahrnimmt, sind Farben. Mit unterschiedlichen Farben kann es seiner Kreativität freien Lauf lassen, seine Gefühle ausdrücken und Bilder gestalten.

Farben sind ebenfalls Symbole:

- Rot symbolisiert Feuer und Wut.
- Gelb ist ein Symbol für Fröhlichkeit oder die Sonne.
- Blau steht für den Himmel und das Wasser.

Farbstoffe

Zum Malen werden verschiedene Farbstoffe verwendet. Im Prinzip lassen sich zwei Arten von Farbstoffen unterscheiden:

Natürliche Farbstoffe: Sie werden aus der Natur gewonnen (z. B. aus Früchten, Kräutern, Erde, Eiern).

Künstliche Farbstoffe: Die meisten im Handel erhältlichen Farbstoffe sind künstlich.

Farbe und Licht

Ohne Licht sehen wir nichts. Wenn das Licht sehr intensiv ist, wirken die Farben, die wir sehen, lebhafter; bei wenig Licht sind sie eher gedämpft. Nachts gibt es weniger Licht, am Tag ist das Licht intensiver.

Wenn du nachts aus deinem Fenster schaust, sehen die meisten Dinge grau oder schwarz aus.

Tagsüber kannst du viele leuchtende Farben wie Grün, Blau, Gelb und Orange sehen.

Wenn es regnet und die Sonne dabei scheint, kann am Himmel ein Licht- und Farbeffekt entstehen: ein Regenbogen. Das geschieht, wenn die Sonnenstrahlen von den Regentropfen gebrochen werden.

Stempelspaß

Wenn du die drei Grundfarben mischst, erhältst du ganz neue Farbtöne. Das kannst du jetzt ausprobieren und ein buntes Muster stempeln.

Material

- weißer Karton DIN A4
- rote, gelbe und blaue Plakatfarbe
- Schälchen für die Farben
- quadratischer Radiergummi mit einem Zahnstocher
- Zahnbürste
- Deckel eines Klebestifts
- mehrere Pinsel

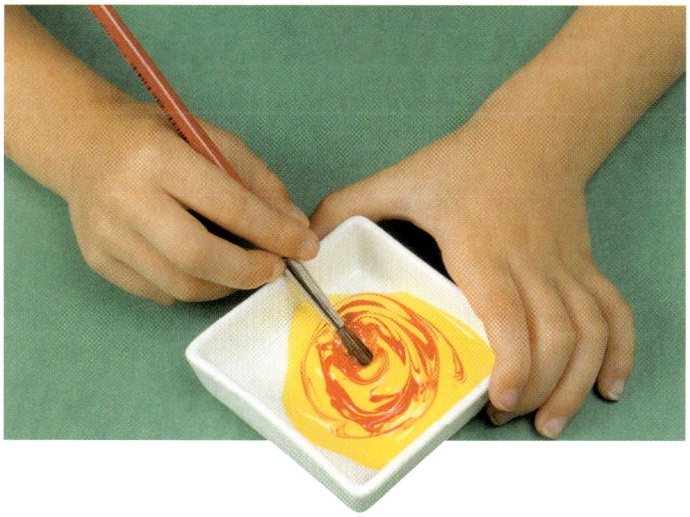

1 Gib etwas gelbe und etwas rote Farbe in ein Schälchen. Mische sie mit dem Pinsel, dann entsteht Orange.

2 Mische in einem zweiten Schälchen etwas rote Farbe mit etwas Blau; so bekommst du Violett.

3 Jetzt fehlt aber noch Grün. Das ist gar nicht schwer: Mische in einem dritten Schälchen etwas blaue Farbe mit etwas Gelb, bis ein schönes Grün entsteht.

4 Tauche die verschiedenen Gegenstände (Radiergummi, Zahnbürste usw.), in die gemischten Farben und stemple sie auf den Karton. So entsteht eine bunte Mischung von Farben und Formen.

Malen, basteln und lernen

- Die Sekundärfarben durch die Mischung der drei Primärfarben herstellen.
- Mit Stempeltechnik eine Farbkomposition erstellen.

Schwarz und Weiß

Die Kombination der Farben Schwarz und Weiß bildet einen interessanten Kontrast, denn hier treffen die hellste und die dunkelste Farbe aufeinander.

Material

- weißer und schwarzer Karton
- weißes und schwarzes Buntpapier
- Schere
- Klebestift
- Lineal
- weißer und schwarzer Buntstift

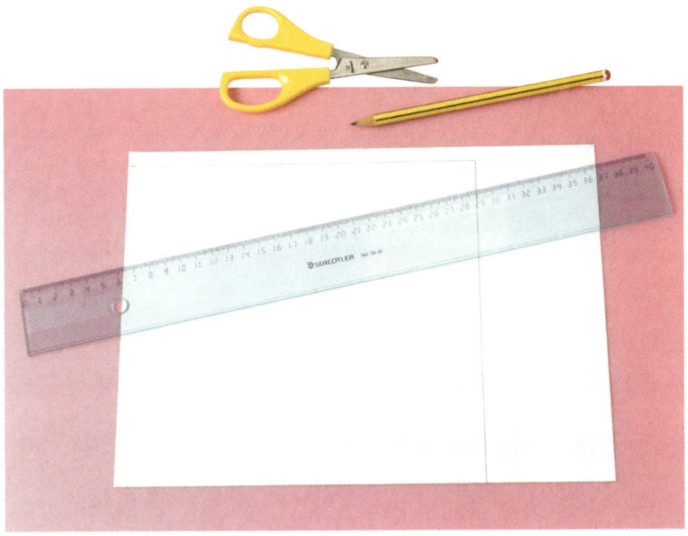

1 Bei dieser Bastelei arbeiten wir mit Lineal und Bleistift. Das ist gar nicht schwer. Zeichne als Erstes mit dem Lineal ein Quadrat von 8 cm Seitenlänge auf den weißen Karton und schneide es aus. Wenn es mit dem Zeichnen noch nicht so gut klappt, lass dir von einem Erwachsenen helfen.

2 Als Nächstes zeichne mit dem weißen Buntstift und dem Lineal ein Rechteck auf den schwarzen Karton. Die lange Seite wird 8 cm, die kurze 4 cm lang.

3 Klebe dann das schwarze Rechteck auf das weiße Quadrat, sodass das Quadrat zur Hälfte bedeckt ist.

4 Jetzt mischen wir Weiß mit Schwarz und Schwarz mit Weiß! Reiße aus dem weißen Buntpapier fünf verschieden große Stücke aus.

5 Reiße dann auch fünf verschieden große Stücke aus dem schwarzen Buntpapier.

6 Klebe nun die weißen Buntpapierstücke auf den schwarzen Karton, sodass sie senkrecht untereinander sitzen. Ordne sie dabei nach der Größe.

7 Ordne auch die schwarzen Buntpapierstücke nach der Größe und klebe sie in einer senkrechten Reihe auf den weißen Karton. Schwarz und Weiß bilden erstaunliche Kontraste.

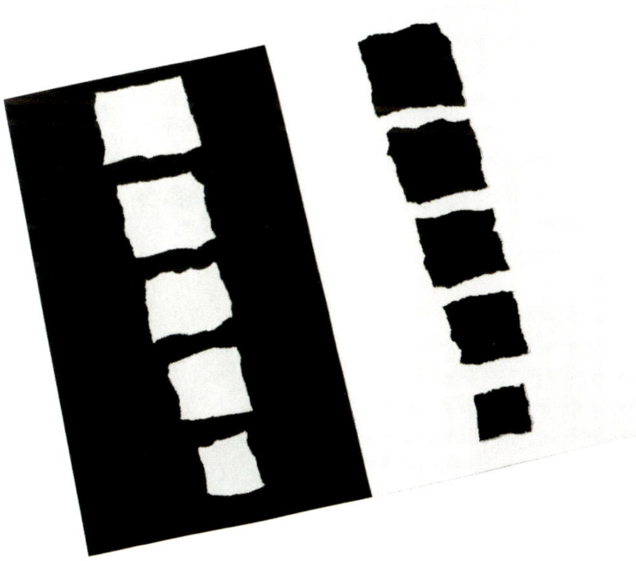

Malen, basteln und lernen

- Helle und dunkle Farben erkennen und einordnen.
- Ausprobieren und beobachten, wie ein schwarzer Fleck auf weißem Hintergrund und ein weißer Fleck auf schwarzem Hintergrund wirkt.

Feuer und Wasser

Weißt du, was warme und kalte Farben sind?
Mit ihnen arbeitest du bei dieser Bastelei.

Material

- orange und blauer Karton
- Plakatfarbe in verschiedenen Farbtönen
- Seidenpapier in verschiedenen Farben
- Pergamentpapier
- zwei Pappröhren
- Schere
- Bleistift
- Prickelnadel und Filzunterlage
- mehrere Pinsel
- Vorlagen (S. 128)

1 Übertrage zuerst den Umriss des Feuers von der Vorlage auf Seite 128 auf den orange Karton und stich ihn mit der Prickelnadel auf der Filzunterlage aus. Damit hast du den ersten Untergrund.

2 Übertrage jetzt den Umriss des Wassertropfens von Seite 128 auf den blauen Karton und stich ihn aus. Das wird dein zweiter Untergrund.

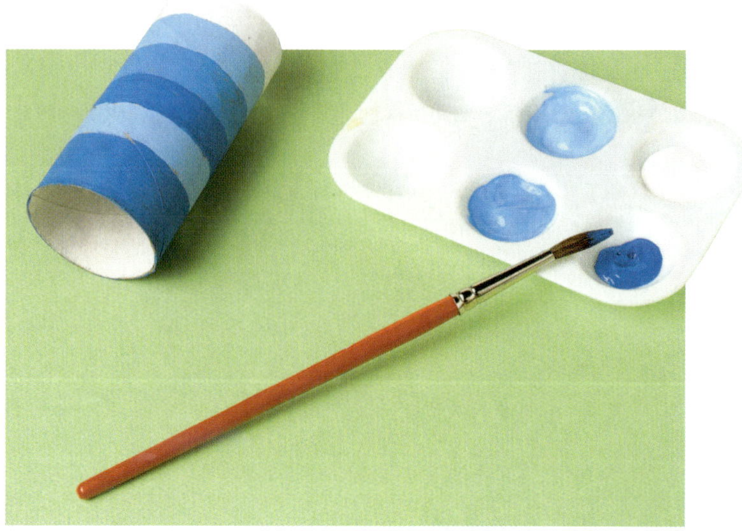

3 Feuer ist heiß und Wasser eher kühl – welche Farben gehören dazu? Bemale eine der beiden Pappröhren mit den warmen Farben Rot, Orange, Gelb und Rosa. Das wird die Röhre für das Feuer.

4 Und was passiert mit der zweiten Röhre? Sie wird als Röhre für das Wasser mit kalten Farben bemalt: mit verschiedenen Blautönen und mit Weiß.

5 Klebe die beiden Röhren mit Klebestift auf die jeweils passende Unterlage, die du vorher ausgestochen hast.

6 Jetzt basteln wir Feuer und Wasser aus Seidenpapier: Reiße Seidenpapier in warmen Farben in Streifen, zerknülle diese ein wenig und stecke sie wie einen Strauß in die Röhre für das Feuer.

7 Reiße auch Seidenpapier in kalten Farben in Streifen, knülle sie leicht zusammen und stecke sie entsprechend in die Röhre für das Wasser. Jetzt kennst du den Unterschied zwischen kalten und warmen Farben. Zu welchen Gegenständen passen sie noch?

Malen, basteln und lernen

- Kalte und warme Farben wahrnehmen und unterscheiden.
- Das Vorhandensein und die Wirkung von kalten und warmen Farben in der täglichen Umgebung wahrnehmen.

Farbtafel

Wofür brauchst du wohl so viele Streichholzschachteln?
Mit vielen verschiedenen Farbtönen
kannst du eine schöne Farbtafel basteln.

Material

- sechzehn kleine Schachteln (z. B. Streichholzschachteln)
- schwarzer Karton DIN A3
- Plakatfarbe in Weiß, Rosa, Orange, Grün und Blau
- Klebestift
- einen großen Eierbehälter aus Plastik
- Plastiklöffel
- mehrere Pinsel

1 Schiebe als Erstes den inneren, weißen Teil der Streichholzschachteln heraus, denn nur diesen brauchen wir zum Basteln.

2 In vier Vertiefungen des Plastikbehälters mischst du die verschiedenen Rosatöne: Gib in alle etwas Rosa. An der Farbe in der ersten Vertiefung änderst du nichts mehr. In die zweite Vertiefung gibst du ein wenig Weiß, in die dritte etwas mehr und in die vierte noch etwas mehr. Wenn du Weiß hineinmischst, werden die Farben heller. So erhältst du verschiedene Farbtöne.

3 Mische jetzt in den anderen Vertiefungen des Eierbehälters auch Grün, Orange und Blau mit Weiß, sodass du unterschiedlich helle Farbtöne erhältst. Dann kannst du anfangen, die Schachteln damit zu bemalen.

4 Bemale vier Schachteln mit den verschiedenen Rosatönen: eine mit dem reinen Rosa, die zweite mit dem etwas helleren Ton, die dritte noch heller und die vierte mit der ganz hellen Mischfarbe.

5 Danach bemalst du die restlichen Schachteln mit den anderen Farben, die du gemischt hast: vier mit den verschiedenen Orangetönen, vier mit Grün und vier mit Blau. Lass die Schachteln gut trocknen, bevor du weiterarbeitest.

6 Sortiere sie dann nach Farbtönen, sodass du gut sehen kannst, wie die verschiedenen Farben immer heller werden.

7 Klebe jetzt die Schachteln auf den schwarzen Karton, immer eine Reihe in einer Farbe, die nach und nach heller wird. So, wie du aus diesen vier Farben und Weiß unterschiedliche Töne gemischt hast, kannst du es auch mit allen anderen Farben machen.

Malen, basteln und lernen

- Verschieden Töne einer Farbe werden durch die Veränderung der Farbsättigung und -helligkeit erzielt.
- Experimente mit der Farbe Weiß, die andere Farben aufhellt.

Herbst und Frühling

Siehst du die Unterschiede zwischen den Farben der beiden Fotos? Du kannst für jedes einen passenden Rahmen basteln.

Material

- Foto einer Landschaft im Herbst
- Foto einer Landschaft im Frühling
- zwei weiße Kartons DIN A3
- Plakatfarbe in verschiedenen Farben
- Schälchen für die Farben
- Schwammstücke
- Klebestift

1 Am besten fängst du mit dem Frühling an. Schau dir das Frühlingsfoto genau an und überlege dir, welche Farben vorherrschen. Tupfe diese Farben dann mit Schwämmen auf einen der weißen Kartons. Er sollte am Schluss ganz mit Farbe bedeckt sein.

2 Und jetzt zum Herbst. Überlege dir, welche Farben in der Herbstlandschaft vorherrschen, und tupfe diese – wie vorher – auf den zweiten weißen Karton. Auch er muss schließlich ganz mit Farbe bedeckt sein.

3 Wenn der mit den Frühlingsfarben bestempelte Karton trocken ist, klebst du das Frühlingsfoto in die Mitte.

4 Zum Schluss klebst du das Herbstfoto auf den – inzwischen getrockneten – mit Herbstfarben bestempelten Karton. Du kannst das Gleiche z. B. auch mit Winter- und Sommerbildern machen.

Malen, basteln und lernen

Farben in einer Landschaft erkennen und in einem Bild darstellen.

Robotermaske

Mit dieser Robotermaske siehst du die Welt in einem anderen Licht: Mit dem einen Auge siehst du alles rot, mit dem anderen alles blau. Ein wirklich interessantes Experiment!

Material

- Deckel einer Pappschachtel
- rotes, blaues und orange Zellophanpapier
- Zeitschriften
- Prickelnadel
- Bleistift
- Klebestift
- Pergamentpapier
- Vorlage (S. 129)

1 Übertrage zuerst die Augen und den Mund von der Vorlage auf Seite 129 auf den Deckel der Pappschachtel.

2 Stich die Umrisse der Augen und des Mundes mit der Prickelnadel aus und löse die Teile aus dem Deckel.

3 Reiße aus den Zeitschriften bunte Papierstückchen aus und klebe sie so auf den Deckel, dass er fast ganz bedeckt ist (außer Augen und Mund). Drehe den Deckel um und klebe auf das eine Auge ein Stück rotes Zellophanpapier, auf das andere ein Stück blaues und zum Schluss ein orange Stück auf den Mund.

Die Struktur

Die Struktur beschreibt die physischen Eigenschaften des Materials, aus dem ein Gegenstand oder eine Fläche besteht.

Manche Strukturen sind mit den Augen wahrnehmbar, wichtiger für das Unterscheiden und Erkennen von Strukturen ist aber der Tastsinn.

Strukturen können unter anderem rau, glatt, hart oder biegsam sein.

Das kannst du ganz leicht feststellen: Berühre die Rinde eines Baums, dann kannst du mit den Fingern erfühlen, dass ihre Struktur rau ist.

Wenn du dagegen einen Hund streichelst, fühlst du gleich, wie glatt und weich sein Fell ist.

Strukturen erkennen

Strukturen lassen sich am besten mit dem Tastsinn wahrnehmen und erkennen.

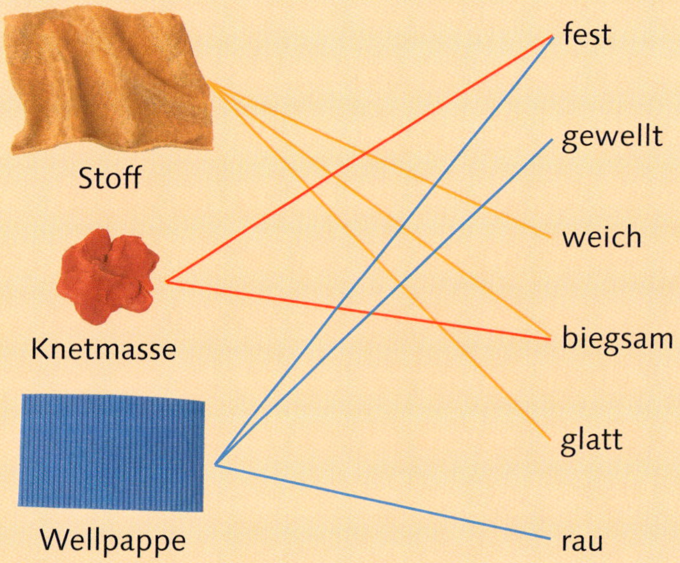

Andererseits können Strukturen auch visuell, also mit den Augen wahrnehmbar sein. Wenn das Licht auf eine bestimmte Oberfläche fällt, sorgt die Reflexion dafür, dass wir mit den Augen die Struktur wahrnehmen.

Auch Naturerscheinungen, etwa der Wind, können auf die Struktur eines Gegenstandes oder einer Fläche treffen und sie verändern.

Siehst du, wie die Meeresoberfläche an einem sehr windigen Tag aussieht?

Strukturen herstellen und verändern

Mit verschiedenen Materialien, Werkzeugen und deinen Händen kannst du Strukturen schaffen und sie wieder verändern.

Mit den Händen kannst du zerknüllen, zusammendrücken, reißen ...

Mit einem Werkzeug (etwa einer Nadel) kannst du Löcher stechen.

Mit einem Material (etwa Klebstoff) kannst du z. B. gerolltes Seidenpapier aufkleben und neue Strukturen herstellen.

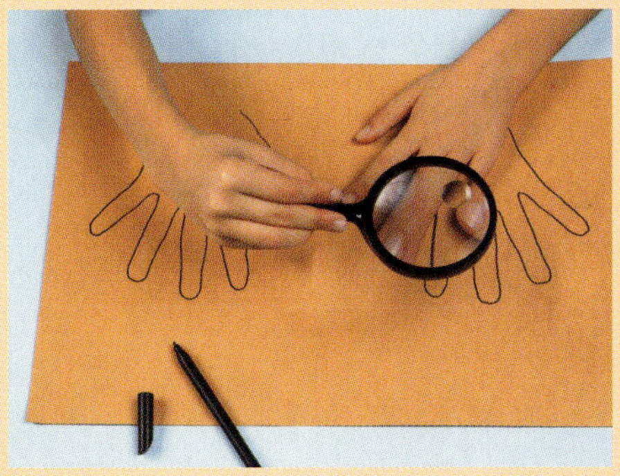

Beim Malen mit Buntstiften oder Farben entstehen ebenfalls verschiedene Strukturen.

Betrachte die Struktur der Haut auf deiner Hand mit der Lupe. Siehst du all die feinen Linien? Versuche einmal, das auf Papier nachzuzeichnen.

Tastspiel

Möchtest du ein Spiel basteln, bei dem du mit deinen Freunden verschiedene Strukturen erforschen kannst? Das ist gar nicht schwer! Dieses Tastspiel könnt ihr auch mit verbundenen Augen spielen.

Material

- orange Karton DIN A3
- blaue Wellpappe
- Aluminiumfolie
- durchsichtige Plastikfolie
- rotes Zellophanpapier
- grünes Buntpapier
- Schere
- Klebestift
- Bleistift
- Prickelnadel und Filzunterlage
- Pergamentpapier
- Vorlage (S. 130)

1 Übertrage zuerst von der Vorlage auf Seite 130 das kleine Fenster jeweils fünfmal auf den orange Karton. Dazu brauchst du Pergamentpapier und Bleistift.

2 Die Fenster muss man natürlich öffnen können. Lege den Karton auf die Filzunterlage und stich mit der Prickelnadel an jedem Quadrat drei Seiten aus. Die obere Seite bleibt immer geschlossen.

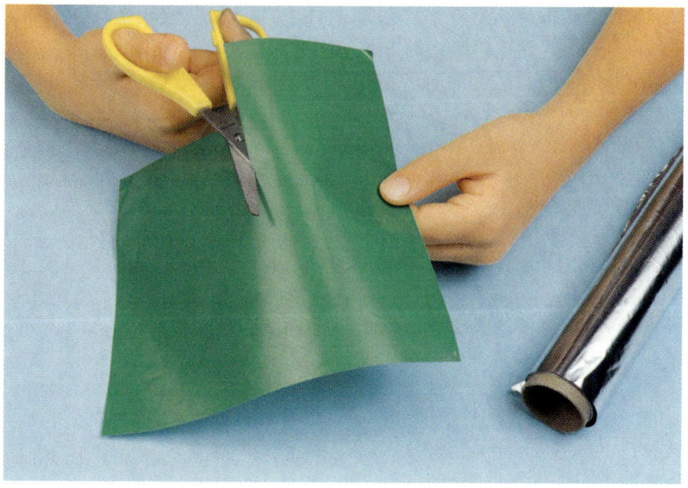

3 Jetzt kannst du die verschiedenen Strukturen einfügen. Schneide ein Stück blaue Wellpappe so zu, dass es etwas größer ist als eins der Fenster.

4 Ungefähr auf die gleiche Größe wie das Stück Wellpappe schneidest du auch je ein Stück Aluminiumfolie und ein Stück grünes Buntpapier zu. Alle diese Materialien haben verschiedene Strukturen.

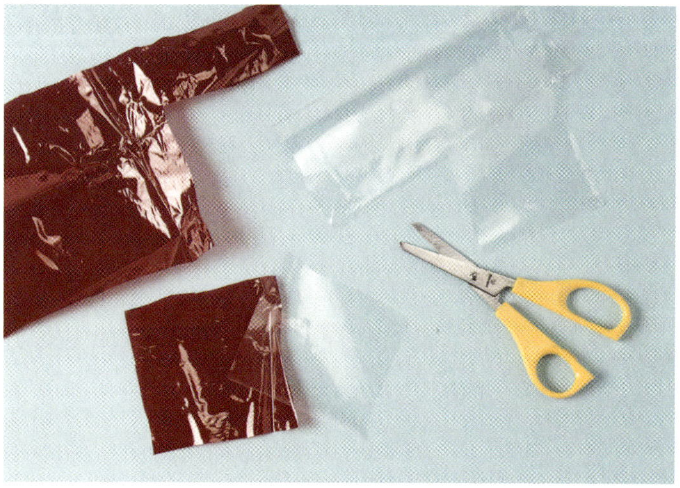

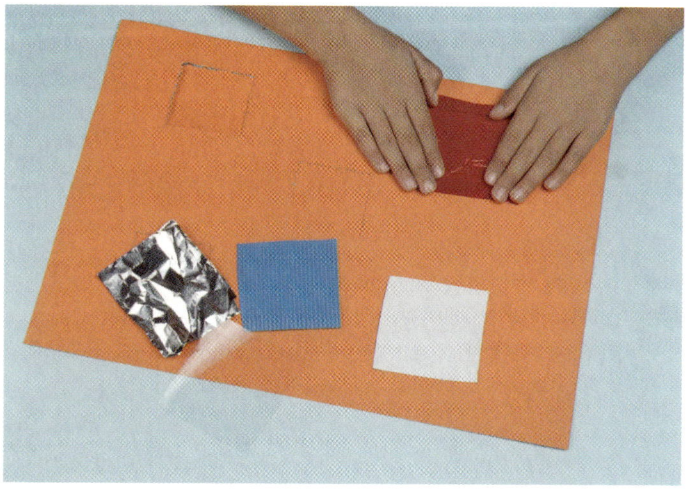

5 Schneide ein Stück rotes Zellophanpapier und ein Stück durchsichtige Plastikfolie zu. Auch diese beiden müssen etwas größer sein als die Fenster, die du aus dem orange Karton ausgeschnitten hast.

6 Drehe den orange Karton um und klebe hinter jedes Fenster eins der Stücke, die du den verschiedenen Materialien entnommen hast.

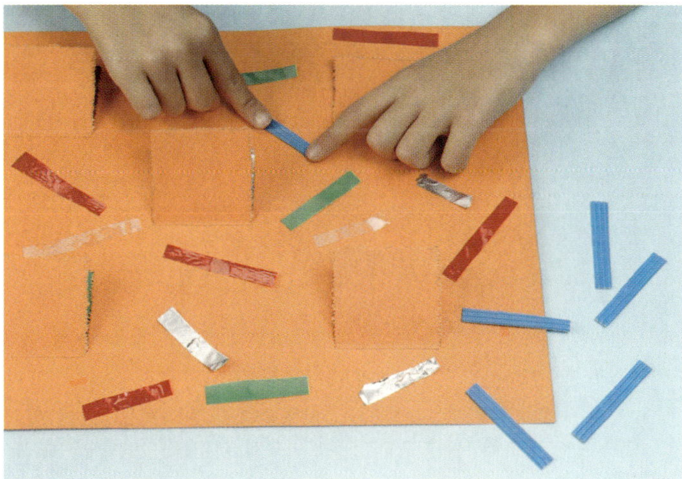

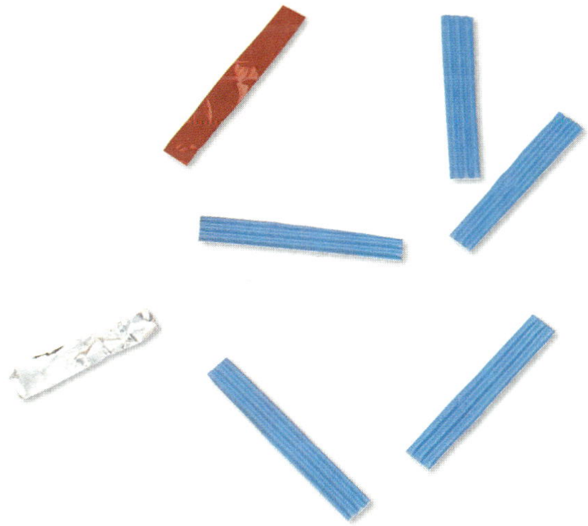

7 Zum Schluss drehst du den Karton noch einmal um. Wenn du magst, kannst du die Vorderseite mit den Resten deiner unterschiedlichen Materialien verzieren. Augen zu, Fenster auf: Welches Material versteckt sich hinter den einzelnen Fenstern? Kannst du es ertasten?

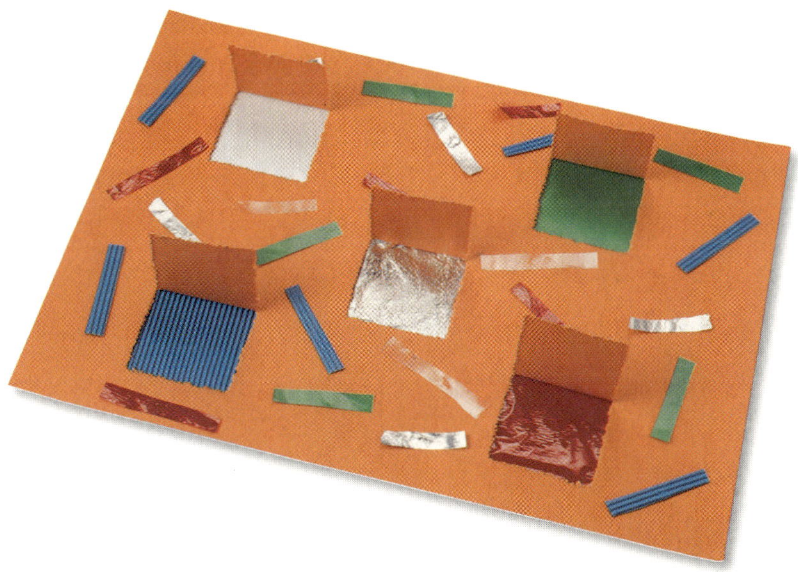

Malen, basteln und lernen

- Mit dem Tastsinn verschiedene Strukturen entdecken.
- Die Eigenschaften unterschiedlicher Materialien erkennen.

Bunte Stifthalter

Aus Papprollen kannst du diese Stifthalter mit unterschiedlichen Oberflächen basteln. So hast du für alle deine Stifte die passende Aufbewahrungsmöglichkeit.

Material

- schwarzer Karton DIN A3
- drei Pappröhren
- bunte Federn
- Sägemehl
- hellrosa Plakatfarbe
- Weißleim
- Pinsel
- drei Plastikschalen

1 Fülle das Sägemehl in eine Plastikschale und die bunten Federn in eine andere. In der dritten Schale mischst du die rosa Plakatfarbe mit Weißleim. Nun kannst du mit dem Bearbeiten der Pappröhren beginnen.

2 Nimm den Pinsel und bestreiche eine der Pappröhren mit Weißleim. Rolle sie dann in der Schale mit dem Sägemehl.

3 Bestreiche auch die zweite Pappröhre mit Weißleim und klebe darauf die bunten Federn.

4 Rolle die dritte Pappröhre in der Schale mit der Mischung aus rosa Farbe und Weißleim und lass alles gut trocknen. So bekommst du völlig verschiedene Strukturen.

5 Jetzt klebst du die drei Pappröhren auf einen jeweils passenden Untergrund: Male auf den schwarzen DIN-A3-Karton mit dem Pinsel einen kleinen Kreis aus rosa gefärbtem Weißleim und stelle die passende Röhre darauf.

6 Daneben malst du einen zweiten Kreis aus Weißleim und klebst ein paar Federstückchen auf. Darauf stellst du wieder die passende Röhre.

7 Als Letztes malst du einen dritten Kreis aus Weißleim auf den schwarzen Karton, streust Sägemehl darauf und klebst die letzte verbliebene Röhre an. Die mit gefärbtem Weißleim überzogene Röhre fühlt sich glatt an, fast wie Plastik. Die mit den Federn hat eine ganz weiche Struktur. Die dritte mit dem Sägemehl ist dagegen richtig rau. Nun kannst du entlang der drei Kreise die Stifthalter aus dem Karton ausschneiden.

Malen, basteln und lernen

- Verschiedene Strukturen herstellen, indem ein Grundmaterial mit unterschiedlichen Techniken bearbeitet wird.
- Diese Strukturen werden in der Fläche und an dreidimensionalen Gegenständen erzeugt.

Wie ein Fisch im Wasser

Die Schuppen eines Fisches können sich glatt oder rau anfühlen, je nachdem, aus welcher Richtung du darüber streichst.

Material

- zwei weiße Kartons DIN A3
- zwei Stücke weicher, bedruckter Stoff
- blaue Plakatfarbe
- Wachsmalstifte in verschiedenen Farben
- Schwamm
- Klebestift
- Prickelnadel und Filzunterlage
- Schere
- Bleistift
- Pergamentpapier
- Vorlagen (Seite 130)

1 Tupfe als Erstes mit dem Schwamm blaue Farbe auf einen der weißen Kartons. Das wird der Unterwasser-Hintergrund.

2 Übertrage auf den anderen weißen Karton die beiden Fischumrisse der Vorlage von Seite 130 und stich sie auf der Filzunterlage aus.

3 Drehe den großen Fisch um und stich – immer noch auf der Filzunterlage – überall Löcher in den Körper.

4 Drehe den Fisch nochmals um und bemale ihn bunt mit den verschiedenen Wachsmalstiften. Jetzt hast du einen Fisch mit rauen Schuppen.

5 Als Nächstes basteln wir den glatten Fisch. Schneide dafür zuerst mit der Schere den Stoff in kleine Stücke.

6 Klebe diese Stoffstücke auf den kleineren Fisch, sodass seine ganze Oberfläche bedeckt ist. Schon ist der glatte Fisch fertig. Jetzt musst du die beiden Fische nur noch in ihren natürlichen Lebensraum einsetzen.

7 Klebe ein Stück Stoff als Auge auf den großen Fisch und klebe beide Fische, den rauen und den zarten, auf den Karton, den du am Anfang blau bemalt hast.

Malen, basteln und lernen

- Raue und glatte Strukturen unterscheiden.
- Die Darstellung rauer und glatter Strukturen mit verschiedenen Techniken und Materialien versuchen.

Haus der Strukturen

Dieses Haus wird nicht aus Stein gebaut, sondern aus vielen verschiedenen Strukturen und Materialien gebastelt.

Material

- schwarzer Karton DIN A3
- rosa und blaue Papierservietten
- rote und blaue Wellpappe
- Schaumstoffstreifen
- grüne und orange Plakatfarbe
- Buntstifte
- ein weißer Buntstift
- Bleistiftspitzer
- dicke Schnur
- Klebestift
- Schere
- Prickelnadel und Filzunterlage
- Schälchen für die Farben
- Schälchen
- Pinsel
- Pergamentpapier
- Vorlage (S. 131)

1 Übertrage mit dem weißen Buntstift die Vorlage des Hauses von Seite 131 auf den schwarzen Karton.

2 Spitze die Buntstifte mit dem Bleistiftspitzer und sammle die Späne in einem Schälchen.

3 Bestreiche das Dach des Hauses mit Klebestift und verteile die Buntstift-Späne gleichmäßig darauf. So bekommt das Dach eine interessante Struktur.

4 Stich die Fenster an deinem Haus mit der Prickelnadel aus und nimm sie heraus.

5 Schneide zwei Stücke aus den Papierservietten und klebe sie hinter die Fenster. Streiche mit dem Finger über die Fenster. Sie haben nun eine zarte Oberfläche.

6 Jetzt kannst du den Schaumstoffstreifen in drei Stücke schneiden. Male zwei davon orange an, das andere grün. Wenn sie trocken sind, klebst du sie auf die Haustür.

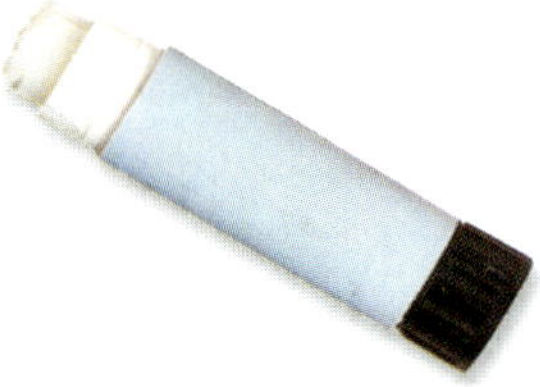

7 Schneide aus der Wellpappe vier Stückchen zu, zwei blaue und zwei rote. Diese klebst du auf den Schornstein.

8 Zum Schluss schneidest du ein Stück dicke Schnur zu und klebst daraus eine schöne Rauchwolke an den Schornstein. Fertig ist dein Haus aus verschiedenen Strukturen!

Malen, basteln und lernen

- Verschiedene Materialien entdecken, erforschen und bearbeiten.
- Ihre unterschiedliche Struktur visuell und taktil erfassen.

Lustige Puppe

Diese lustige Puppe trägt ein Kleid aus bunten Filzstückchen und du kannst fühlen, dass sie aus vielen verschiedenartigen Materialien besteht.

Material

- Korkplatte
- farbige runde Aufkleber
- Filz in verschiedenen Farben
- rotes Zellophanpapier
- rotes und rosa Buntpapier
- Klebestift
- Schere

1 Schneide einen Kreis aus dem rosa Buntpapier und klebe ihn oben auf die Korkplatte. Das wird der Kopf der Puppe. Schneide nun Filzstückchen aus, die die Augen, den Mund und die Nase darstellen, und klebe sie auf das rosa Buntpapier.

2 Bilde den Umriss des Kleides mit den farbigen runden Aufklebern und fülle ihn dann mit Filzstückchen in verschiedenen Farben aus.

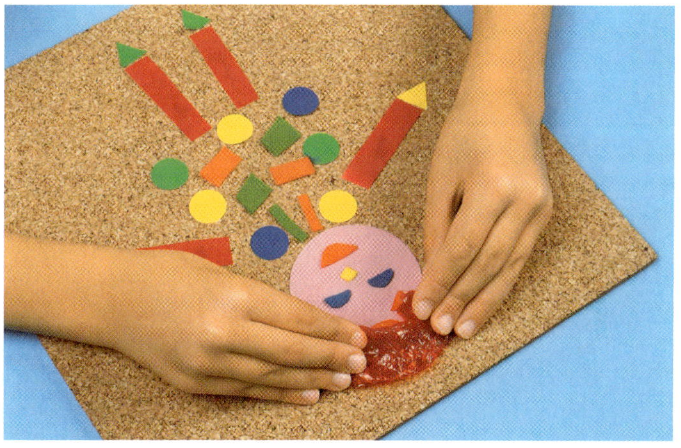

3 Schneide aus dem roten Buntpapier vier Streifen für die Arme und Beine zu. Dann schneidest du aus den runden farbigen Aufklebern Dreiecke für Hände und Füße zu.

4 Klebe ein Stück Zellophanpapier auf den Kopf als Frisur. Wenn du die verschiedenen Körperteile berührst wirst du feststellen, dass sich jeder ganz anders anfühlt.

Malen, basteln und lernen

- Die typische Korkstruktur erkennen.
- Mit ihr und mit unterschiedlich strukturierten Materialien arbeiten und daraus eine Figur schaffen.

Der Punkt ...

Ein Punkt ist die einfachste Form der grafischen Darstellung.

Mit einer Nadel, der Spitze eines Bleistifts oder einem Pinsel kannst du einen Punkt auf Papier oder einer anderen Oberfläche abbilden.

Wenn du Punkte in unterschiedlichen Größen, Formen und Farben kombinierst, entstehen daraus verschiedene räumliche Bilder.

Die Größe eines Punktes

Wenn du kleine Punkte erhalten willst, brauchst du nur einen feinen Filzstift, den du mit der Spitze vorsichtig auf das Papier drückst.

Um mittelgroße Punkte zu bekommen, tauchst du die Spitze deines Zeigefingers in Farbe und tupfst sie auf das Papier.

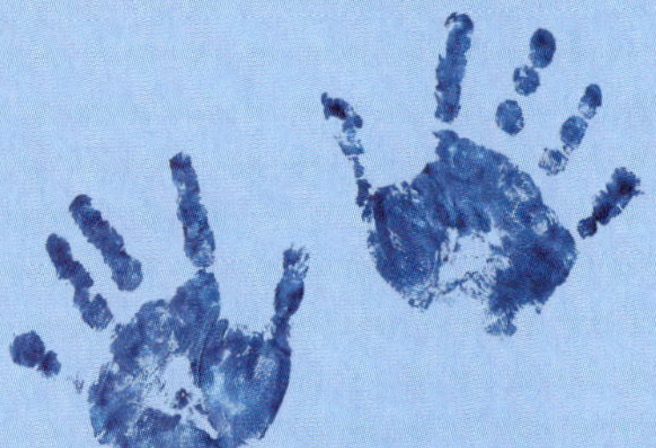

Wenn du deine Hände in Farbe tauchst und abdruckst, wirst du feststellen, dass auch dieser Abdruck aus lauter Punkten besteht: aus großen, mittleren und kleinen.

… und die Linie

Eine Linie ist die grafische Darstellung der Verbindung zwischen zwei Punkten.
Linien kannst du auf jeder Fläche in verschiedene Richtungen zeichnen: vertikal, horizontal oder geneigt.
Schau dir die Abbildung genau an: Alle drei Wege führen zum Haus.

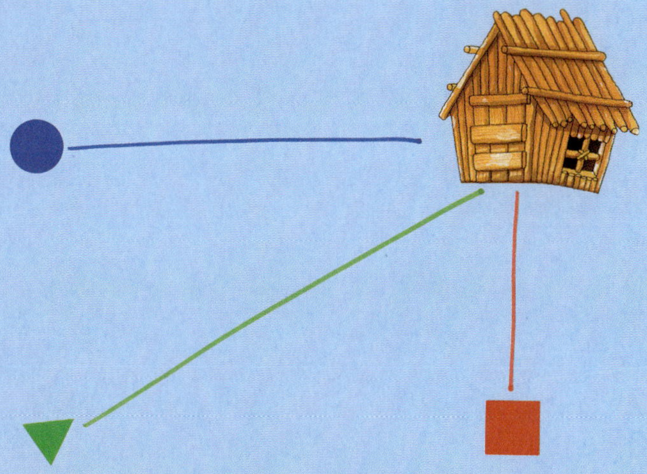

Linien können verschiedene Formen annehmen: gerade, gekreuzt, gewellt, gezackt und noch viel mehr. Außerdem kannst du aus Linien sehr interessante Bilder malen.

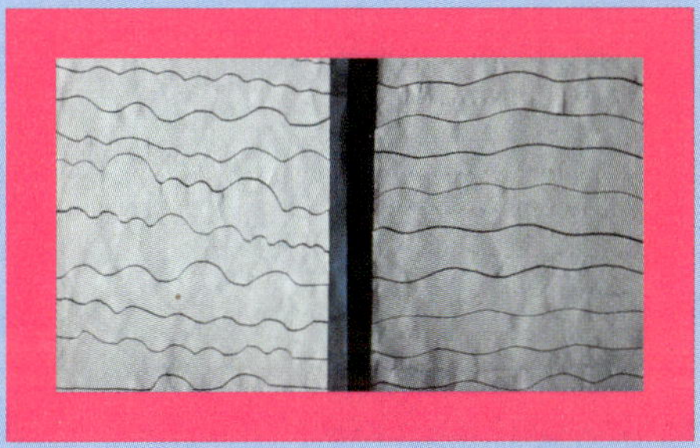

Formen der Linie

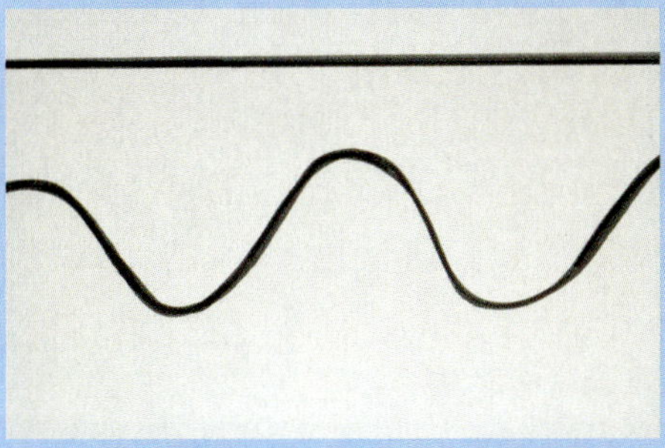

Es gibt gerade und gebogene Linien. Die geraden sind ganz einfach.
Der kürzeste Weg zwischen zwei Punkten ist die gerade Linie.

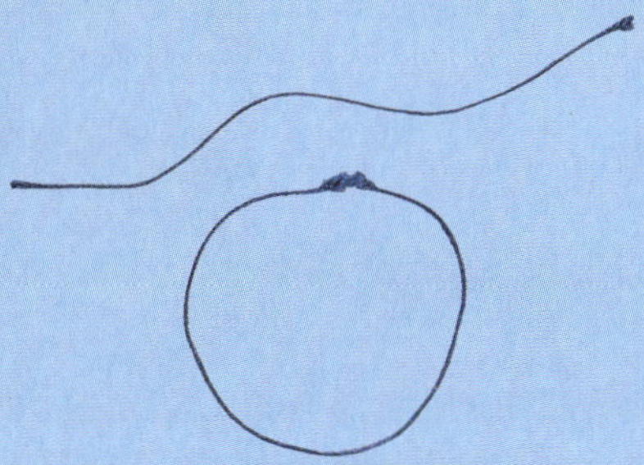

Du kannst auch offene und geschlossene Linien zeichnen. Offene Linien stellen einen Weg mit einem Anfang und einem Ende dar. Geschlossene Linien beginnen und enden in demselben Punkt.

Linien können dick oder dünn sein. Dünne oder feine Linien malst du mit Farbe und einem dünnen Pinsel, für dicke Linien trägst du die Farbe mit einer Rolle oder einem dicken Pinsel auf.

Fröhlicher Clown

*Dieses fröhliche Clownsgesicht bringt alle zum Lachen.
Du kannst es mit ganz einfachen Materialien wie Karton,
Buntpapier und Aufklebern basteln.*

Material

- weißer Karton DIN A3
- gelbe und orange Fingerfarbe
- ein feiner Pinsel
- ein blauer Filzstift
- runde Aufkleber in Blau und Rot
- gelbes, grünes, orange, rotes, hellblaues und dunkelblaues Buntpapier
- Klebestift
- Pergamentpapier
- Bleistift
- Vorlage (S. 132)

1 Möchtest du einen lustigen Clown basteln? Dann übertrage die Vorlage für das Clownsgesicht (Seite 132) auf den weißen Karton.

2 Tupfe nun mit gelber Fingerfarbe Punkte in das Clownsgesicht.

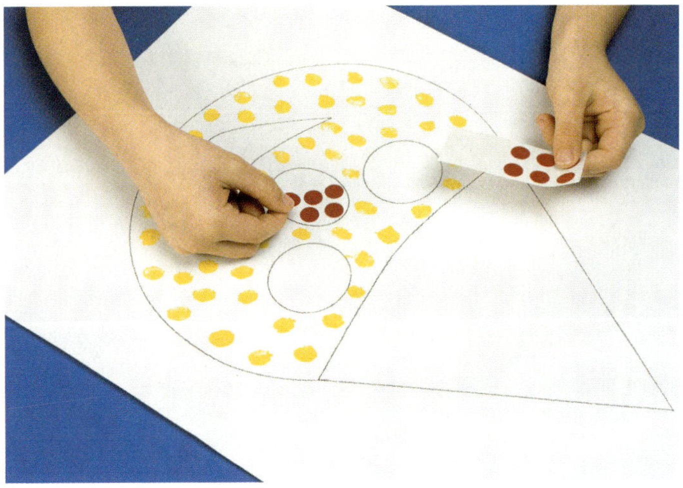

3 Beklebe die Nase mit den roten, runden Aufklebern. So bekommt das Gesicht nach und nach Farbe.

4 Mit einem feinen Pinsel tupfst du nun orange Punkte in den Umriss des Mundes. Sieh, wie fröhlich dein Clown jetzt lacht!

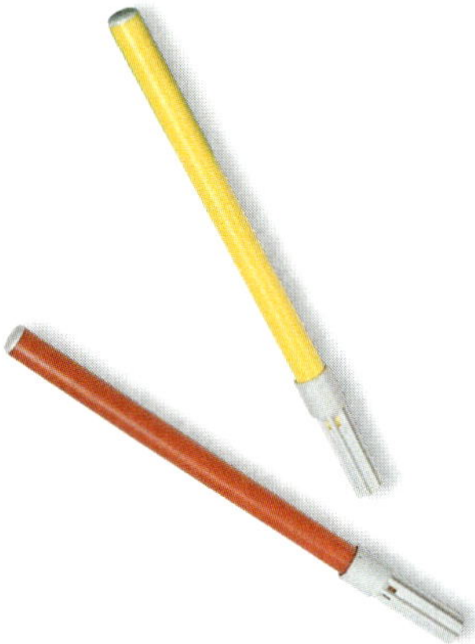

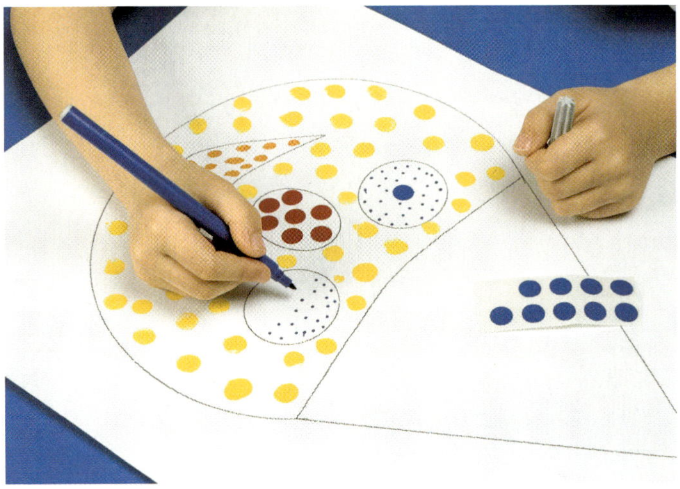

5 Als Nächstes malst du mit einem blauen Filzstift kleine Punkte in die Umrisse der Augen. In die Mitte klebst du jeweils einen blauen, runden Aufkleber.

6 Nun musst du nur noch den Hut mit bunten Punkten füllen. Reiße Buntpapier in verschiedenen Farben in kleine Stücke.

7 Klebe nun die kleinen bunten Stücke in den Hut des Clowns. Und schon ist dein lustiger bunter Clown fertig!

Malen, basteln und lernen

- Punkte innerhalb einer Fläche in Gruppen anordnen.
- Punkte in dieser Arbeit als Ausdrucksmöglichkeiten erkennen, die einen Umriss zum Leben erwecken.

Sternenhimmel

Du kannst dir einen eigenen Sternenhimmel für dein Zimmer basteln. Er bringt dir schöne Träume und lässt dich richtig gut einschlafen.

Material

- weißer Karton DIN A3
- weißes Papier DIN A4
- dunkelblaue, weiße und gelbe Fingerfarbe
- Schwamm
- ein feiner Pinsel
- Prickelnadel und Filzunterlage
- Bleistift
- Klebestift
- Vorlagen (S. 133)

1 Möchtest du einen schönen Sternenhimmel für dein Zimmer malen? Das ist gar nicht schwer. Tauche zuerst ein Stück Schwamm in die dunkelblaue Farbe und stemple damit Punkte auf den weißen Karton – aber so, dass er nicht ganz bedeckt ist.

2 Mische die dunkelblaue Farbe mit etwas Weiß. So erhältst du ein helleres Blau. Tupfe mit einem zweiten Stück Schwamm Punkte in diesem Blauton auf den Karton, bis er fast ganz bedeckt ist. Fertig ist der Himmel. Wenn deine Finger dabei blau geworden sind, solltest du sie waschen, bevor du weitermachst.

3 Jetzt sind die Sterne an der Reihe. Übertrage die Sternenvorlagen von Seite 133 auf das weiße Papier, bis du so viele Sterne hast, wie du für deinen Himmel brauchst.

4 Tupfe mit dem feinen Pinsel gelbe Farbe in die Umrisse der Sterne. Lass sie danach gut trocknen.

5 Wenn die Farbe der Sterne getrocknet ist, legst du das Papier auf die Filzunterlage. Stich jeden Stern mit der Prickelnadel aus und nimm ihn vorsichtig aus dem Papier.

6 Verteile nun die Sterne gleichmäßig auf dem blauen Himmel, den du vorbereitet hast, und klebe sie fest. Jetzt hast du einen Sternenhimmel für dein Zimmer, der dir schöne Träume schenkt.

Malen, basteln und lernen

- Punkte mit Hilfe verschiedener Drucktechniken auf einer Fläche darstellen.
- Die Umwelt beobachten und verschiedene Arten von Punkten erkennen.

Webmuster

Mit diesem Webmuster kannst du deinen Freunden erklären,
was vertikale und horizontale Linien sind.

Material

- zwei Blatt weißes Papier DIN A4
- schwarzer Karton DIN A3
- zwei Farbwalzen
- orange und grüne Wasserfarbe
- schwarzer Wachsmalstift
- Klebestift

Tipp:
Falls du keine Farbwalzen hast, kannst du auch einen dicken Pinsel zum Anmalen benutzen.

1 Decke als Erstes deinen Basteltisch mit Zeitungspapier ab, damit beim Malen nicht alles schmutzig wird. Jetzt kannst du mit den Farbwalzen das eine weiße Blatt grün und das andere orange anmalen. Lass beide anschließend gut trocknen.

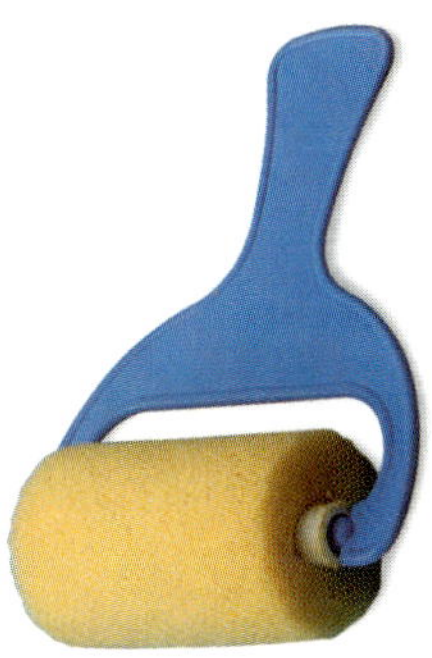

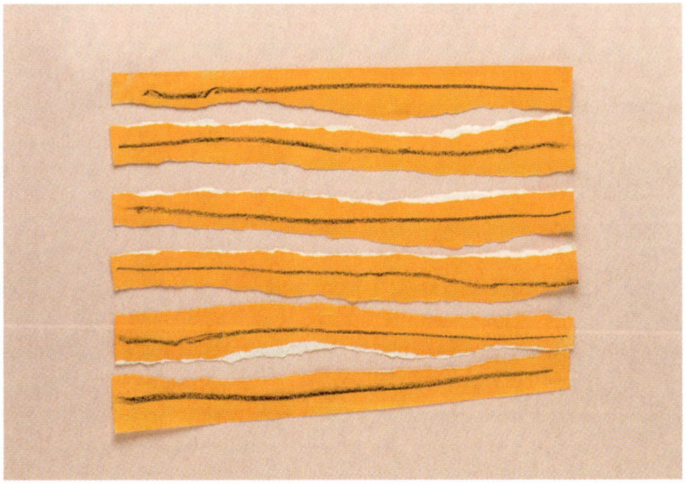

2 Wenn die Farbe getrocknet ist, kannst du das Papier in lange grüne und orange Streifen reißen.

3 Zeichne mit dem schwarzen Wachsmalstift eine durchgehende Linie mitten auf die orange Streifen.

4 Zeichne auf die grünen Streifen mit dem Wachsmalstift jeweils eine unterbrochene Linie.

5 Jetzt kannst du die Streifen horizontal und vertikal anordnen: Klebe die orange Streifen jeweils mit einem Ende an der Oberkante des schwarzen Kartons fest. Sie sollten etwa 2 cm Abstand voneinander haben. Nun sind sie vertikal angeordnet.

6 Klebe jetzt die grünen Streifen auf, ebenfalls nur an einem Ende, aber diesmal horizontal. Mach so weiter, bis du alle vertikalen und horizontalen Streifen aufgeklebt hast.

7 Lege jetzt die Streifen wie beim Weben übereinander – einen nach oben, einen nach unten. Wenn du fertig bist, klebst du das andere Ende der Streifen am Karton fest. So entsteht ein Gitter aus verschiedenfarbigen Streifen.

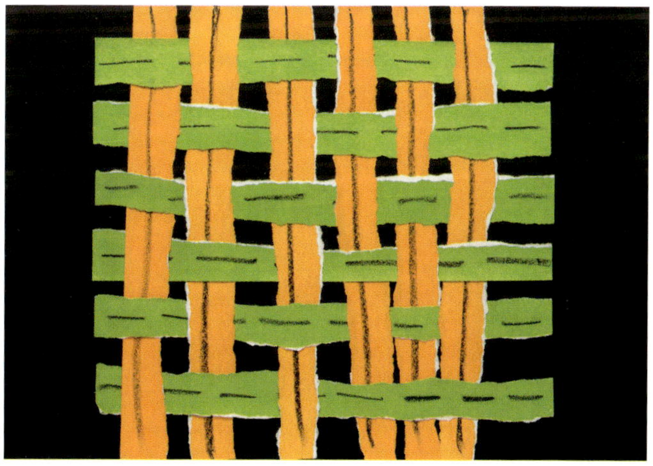

Malen, basteln und lernen

- Die Ausrichtung von Linien verstehen und anwenden.
- Erkennen, dass Linien je nach ihrer Darstellung auf der Fläche horizontal oder vertikal sein können.

Leckerer Obstkorb

Dieser bunte Obstkorb sieht wirklich sehr lecker aus und ist mit wenigen Handgriffen selbst gebastelt.

Material

- rosa Karton DIN A3
- weißer, hellgrüner, orange und naturfarbener Karton
- rosa Krepppapier, Pergamentpapier
- Klebestift, Pinsel, Schere
- blaue und weiße Knetmasse
- rote, grüne und gelbe Wasserfarbe
- Prickelnadel und Filzunterlage
- Vorlagen (S. 134)

1 Schneide zuerst kleine Stückchen rosa Krepppapier zu und klebe sie auf den großen rosa Karton, sodass er ganz bedeckt ist.

2 Übertrage von den Vorlagen auf S. 134 die Obstschale auf den weißen Karton, die Birne auf den grünen, die Orange auf den gelben und die Banane auf den naturfarbenen. Das Obst hat immer die gleiche Farbe wie der Karton.

3 Tupfe nun auf jede Frucht Punkte in der passenden Farbe, stich die Umrisse mit der Prickelnadel auf der Filzunterlage aus und drücke die Formen aus dem Karton. Stich dann die Obstschale aus dem weißen Karton aus.

4 Fülle die Schale mit Knetkugeln: den Rand mit weißen, das Innere mit dunkel- und hellblauen. Klebe die drei Früchte in die Mitte des rosa Kartons und darauf die mit Knetkugeln ausgefüllte Obstschale.

Bilderrahmen

Mit diesem Bilderrahmen kommt dein Lieblingsbild besonders gut zur Geltung. Du kannst ihn mit Punkten in verschiedenen Größen und Farben schmücken.

Material

- naturfarbener Karton DIN A4
- mittelgroße Knöpfe in verschiedenen Farben
- Flaschenkorken
- Filzstiftkappe
- Klebestiftkappe
- Linsen
- Klebestift
- grüne, schwarze und weiße Temperafarbe
- Lineal, Bleistift und Schere
- Prickelnadel und Filzunterlage

1 Zeichne auf den naturfarbenen Karton zunächst ein Rechteck von 24 x 19 cm und genau in die Mitte ein zweites von 14 x 9 cm.

2 Schneide das große Rechteck mit der Schere aus, stich das kleinere mit der Prickelnadel aus und nimm es aus der Mitte heraus.

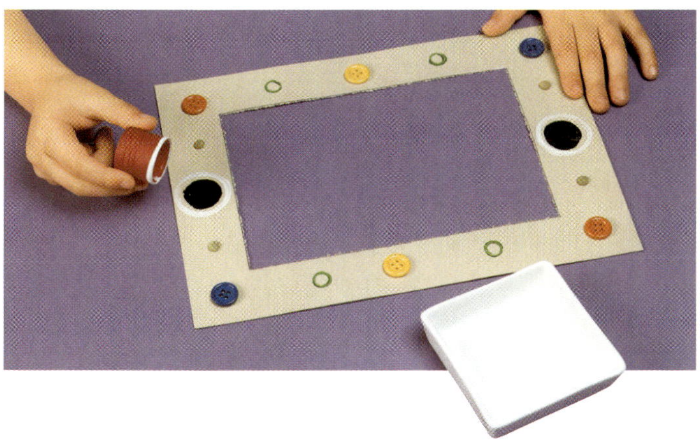

3 Klebe auf die Ecken und in die Mitte der langen Seiten jeweils einen Knopf. Auf die kurzen Seiten der Rechtecke kannst du die Linsen kleben. Zeichne mit der Filzstiftkappe und der grünen Farbe leere Kreise auf. Stemple mit dem Korken und der schwarzen Wasserfarbe Punkte in die Mitte der kurzen Seiten. Mit der Klebestiftkappe stempelst du weiße Ringe um die schwarzen Punkte.

Meer und Berge

Auch in der Natur kannst du verschiedene Arten von Linien entdecken. Schau dir einmal das Meer und die Berge an.

Material

- weiße, blaue, grüne, schwarze und gelbe Wellpappe
- rosa Karton DIN A3
- ein schwarzer und ein weißer Buntstift
- Schere
- Klebestift
- Pergamentpapier
- Vorlagen (S. 133)

1 Lege zuerst alles bereit, was du brauchst, bevor du anfängst zu arbeiten. Dann überträgst du die Vorlagen von Seite 133 mit Pergamentpapier und Buntstift auf die Wellpappe: die Wellen des Meeres auf die blaue und die weiße Pappe und die Berggipfel auf die schwarze; dazu brauchst du den weißen Buntstift.

2 Schneide nun die Wellen und die Berggipfel sorgfältig mit der Schere aus.

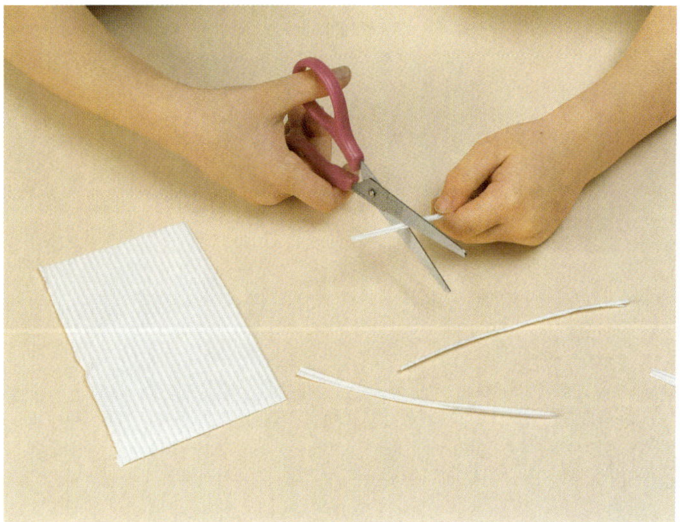

3 Von der weißen Wellpappe ist bestimmt etwas übrig geblieben. Schneide daraus kleine Streifen: Das wird der Schnee für die Berggipfel.

5 Jetzt kannst du anfangen, die Landschaft zusammenzusetzen. Klebe zuerst die blauen und die weißen Wellen aufeinander.

4 Schneide auch blaue und gelbe Streifen für den Himmel zu und grüne für das Gras zwischen den Bergen und dem Meer.

6 Klebe die Wellen auf den unteren Teil des rosa Kartons. Dann klebst du die Berge weiter oben auf den Karton und die Schneestreifen auf die Berggipfel.

7 Klebe die blauen und gelben Streifen quer in den Himmel. Jetzt ist die Landschaft schon fast fertig. Du musst nur noch die grünen Streifen leicht schräg von oben nach unten zwischen die Berge und das Meer kleben.

Malen, basteln und lernen

- Die Umwelt beobachten und Linien erkennen.
- Ihren unterschiedlichen Verlauf entdecken: wellig, gerade, gezackt oder schräg.
- Mit diesen Linien Landschaften nachbasteln und offene Flächen strukturieren.

Wie groß bist du?

Die Maße

Maße sind die Einheiten, mit denen Länge, Gewicht, Volumen und Fläche der verschiedensten Gegenstände bestimmt werden.

Messen bedeutet, etwas mit der passenden Maßeinheit zu vergleichen. Also:

- Länge, Höhe und Breite werden mit Längenmaßen gemessen.
- Flüssigkeiten dagegen messen wir mit Hohlmaßen.
- Wie schwer etwas ist, bestimmen wir mit Gewichten.

Maße sind immer relativ: Ein Gegenstand erscheint groß, weil ein anderer kleiner ist, ein Gegenstand ist schwer, weil ein anderer leichter ist usw.

Größe und Dimensionen

Die Größe ist das Volumen einer Form, eines Gegenstandes oder eines Raums. Zwei Gegenstände können die gleiche Form haben, aber verschieden groß sein.

Betrachte diese beiden Kartons. Einer ist größer als der andere.

Unter den Dimensionen eines Gegenstandes versteht man alle Maße, die man bei ihm bestimmen kann.

- Bei einem Faden messen wir die Länge.
- Ein Blatt Papier hat zwei Dimensionen: Länge und Breite.
- Eine Pappschachtel hat hingegen drei Dimensionen: Länge, Breite und Höhe.

Die Dimensionen einer Strecke (lang – kurz), also des Abstandes zwischen zwei Punkten, können wir mit den Längenmaßen bestimmen. Wenn wir feststellen wollen, wie groß der Inhalt bestimmter Gegenstände (voll – leer) ist, brauchen wir dazu die Hohlmaße.

Hier siehst du ein volles Glas mit Wasser und ein leeres.

Proportionen

Das Größenverhältnis verschiedener Teile eines Gegenstandes zueinander nennt man Proportion. Wenn wir die Größe verschiedener Gegenstände vergleichen, sprechen wir ebenfalls von Proportionen.

Von groß zu klein!

Perspektive

Die Perspektive ist die Darstellung verschiedener Gegenstände in der Form und Anordnung, wie wir sie sehen. Außerdem ist es die Art und Weise, wie wir Gegenstände wahrnehmen, die in bestimmten Abständen von einander stehen.

Stelle drei Gegenstände auf einen Tisch: einen vorn, einen in die Mitte und einen ganz nach hinten, und betrachte sie. Siehst du die Abstände dazwischen und die Höhe der Gegenstände? So entdeckst du die Perspektive.

Sommerblume

Welches ist wohl der kürzeste Weg, der zu dieser schönen Sommerblume führt? Das werden wir gleich sehen.

Material

- grüner Karton DIN A3
- weißer Karton, Pergamentpapier
- Filzstifte in verschiedenen Farben, Bleistift
- bunte Wolle
- eine Spagetti-Nudel
- Prickelnadel und Filzunterlage
- Klebestift
- Vorlage (Seite 135)

1 Übertrage die Blume von Seite 135 auf den weißen Karton, stich sie mit der Prickelnadel auf der Filzunterlage aus und löse sie aus dem Karton.

2 Verziere die Blume mit den Filzstiften in fröhlichen Farben und klebe sie in eine Ecke des grünen DIN-A3-Kartons.

3 Zeichne mit dem Bleistift einen Weg mit vielen Kurven, der von der schräg gegenüberliegenden Ecke zur Blume führt. Klebe auf diesen Weg die bunte Wolle. Dies ist ein sehr langer Weg!

4 Zum Schluss klebst du die Spagetti-Nudel so auf, dass sie ebenfalls von der schräg gegenüberliegenden Ecke geradewegs zur Blume führt. Jetzt kannst du es dir aussuchen: Gehst du lieber den langen oder den kurzen Weg?

Malen, basteln und lernen

- Mit Entfernungen und verschiedenen möglichen Routen zwischen zwei Punkten experimentieren.
- Mit den Maßen Lang und Kurz arbeiten.

Land, Meer und Luft

Kannst du dir unter Perspektive etwas vorstellen?
Wenn du diese schöne Ferienlandschaft gebastelt hast, bestimmt.

Material

- blauer Karton DIN A3
- orange und weißer Karton
- hellblaues, dunkelblaues, rotes, gelbes und grünes Buntpapier
- gelbes und braunes Krepppapier
- gelbe, grüne, rote und blaue runde Aufkleber
- Watte
- blaue und weiße Farbe
- schwarzer Filzstift
- Pinsel
- Prickelnadel und Filzunterlage
- Klebestift
- Pergamentpapier
- Bleistift
- Vorlagen (Seite 135)

1 Übertrage zuerst den Umriss des Sonnenschirms von Seite 135 auf den orange Karton und die Umrisse des Bootes und der Wolken auf einen weißen Karton.

2 Stich dann die drei übertragenen Umrisse mit der Prickelnadel auf der Filzunterlage sorgfältig aus.

3 Verziere den Sonnenschirm mit den farbigen runden Aufklebern. Wähle dabei eine Farbkombination, die dir gefällt.

4 Jetzt machst du mit den Wolken und dem Boot weiter: Auf die Wolken klebst du Watteflöckchen. Für das Boot reißt du Buntpapier in kleine Stücke und klebst es auf den Rumpf und die Segel.

5 Als Nächstes kommt das Land an die Reihe. Reiße das grüne und das braune Krepppapier in Streifen und klebe diese unten auf den blauen Karton.

6 Und das Meer? Das malst du mit dem Pinsel und blauer und weißer Farbe mitten auf den blauen Karton, über das Land.

7 Aber der Karton stellt gleichzeitig auch den Himmel dar. Klebe jetzt den Sonnenschirm auf das Land, das Boot ins Meer und die Wolken in den Himmel. Das war's. Jetzt hast du eine schöne, perspektivisch aufgebaute Landschaft.

Malen, basteln und lernen

- Perspektive anhand einer flächigen Darstellung mit drei Ebenen verstehen.
- Die Abstände zwischen einzelnen Elementen erkennen.

Steinpilze

Diese Pilze musst du nicht im Wald suchen.
Sie wachsen auf einem Stein in deinem Zimmer.

Material

- zwei verschieden große Kieselsteine (ein großer und ein kleiner)
- grüne, orange, rote und weiße Plakatfarbe
- schwarze Knetmasse
- Pinsel
- Linsen

1 Besorge dir einen großen und einen kleinen Stein. Wasche sie gut ab und lass sie trocknen, bevor du mit der Arbeit beginnst. Male dann eine Seite des kleinen Steins grün an und lass die Farbe trocknen.

2 Male mit der orange Farbe eine Seite des großen Steins an und lass ihn ebenfalls trocknen.

3 Forme dann aus einem Stück schwarzer Knetmasse einen großen Pilz.

4 Als Nächstes modellierst du, ebenfalls aus schwarzer Knetmasse, einen zweiten Pilz. Dieser Pilz soll kleiner als der erste sein.

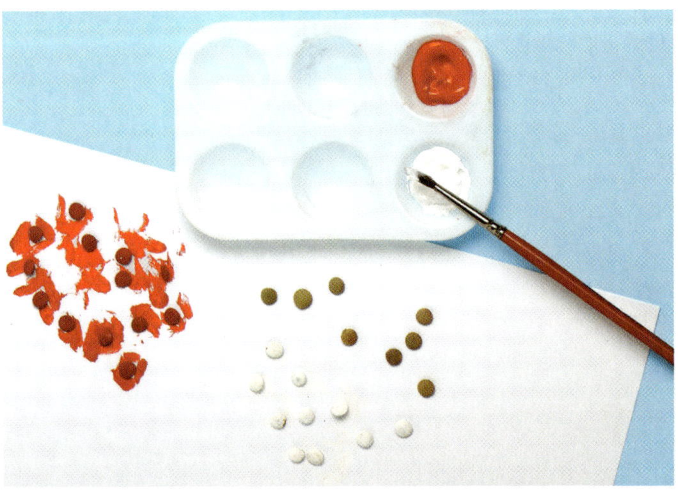

5 Male nun die Linsen an, und zwar einige mit roter und andere mit weißer Farbe.

6 Wenn die Farbe getrocknet ist, kannst du die Linsen gleichmäßig auf dem oberen Teil der beiden Knetpilze verteilen. Damit sie haften bleiben, musst du sie leicht andrücken.

7 Zum Schluss stellst du jeden der beiden Pilze auf einen der Steine, die du angemalt hast. Achte dabei auf die passende Größe. Das ist gar nicht schwer, denn der große Pilz gehört natürlich auf den großen Stein und der kleine Pilz auf den kleinen Stein.

Malen, basteln und lernen

Einen Gegenstand in verschiedenen Größen (groß und klein) basteln.

Sonnenstrahlen

Wenn du die Sonne malst,
zeichnest du bestimmt manche Strahlen länger als andere.
Beim Basteln einer Sonne mit Halmen ist es genauso.

Material

- schwarzer Karton DIN A3
- Trinkhalme in verschiedenen Farben
- Aluminiumfolie
- orange und rotes Seidenpapier
- Klebestift
- Schere
- Bleistift

1 Forme zunächst aus Aluminiumfolie und aus dem orange und roten Seidenpapier kleine Kugeln.

2 Zeichne mitten auf den schwarzen DIN-A3-Karton einen Kreis und fülle ihn mit den Kugeln aus, die du geformt hast. Das ist schon einmal die Sonne.

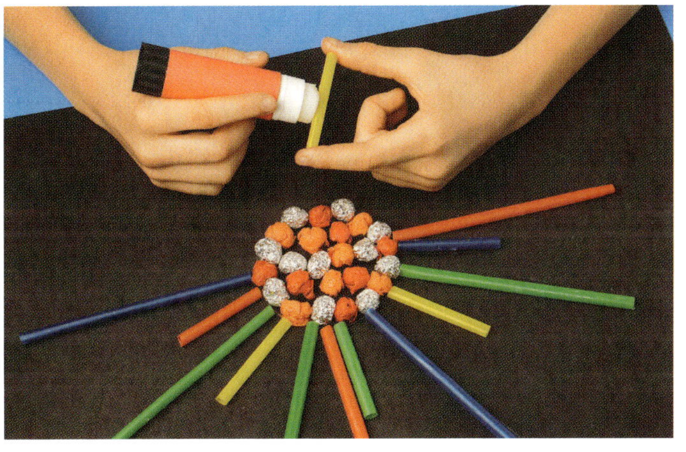

3 Schneide jetzt die Trinkhalme mit der Schere so zu, dass einige Stücke länger und andere kürzer sind. Das werden die Strahlen.

4 Klebe die Trinkhalmstücke rund um die Sonne auf den schwarzen Karton, am besten so, dass sich lange und kurze Strahlen abwechseln. Jetzt scheint die Sonne!

Malen, basteln und lernen

Bei der Zusammenstellung eines Bildes die Längenunterschiede (länger, kürzer) zwischen einzelnen Elementen zur Gestaltung nutzen.

Gebirge

Die flächige Perspektive hast du schon kennen gelernt.
Jetzt kannst du eine Bastelei
mit räumlicher Perspektive ausprobieren.

Material

- grüner Karton DIN A3
- grünes Krepppapier
- braune und weiße Farbe
- Kork
- Mehl
- flache Zahnstocher
- Pinsel
- Klebestift
- Prickelnadel und Filzunterlage
- Pergamentpapier
- Bleistift
- Vorlagen (Seite 136)

1 Übertrage als Erstes die Vorlage für die Berge von Seite 136 auf den grünen DIN-A3-Karton.

2 Stich den Umriss der drei Berge am oberen Rand aus. Den unteren Rand lässt du einfach, wie er ist.

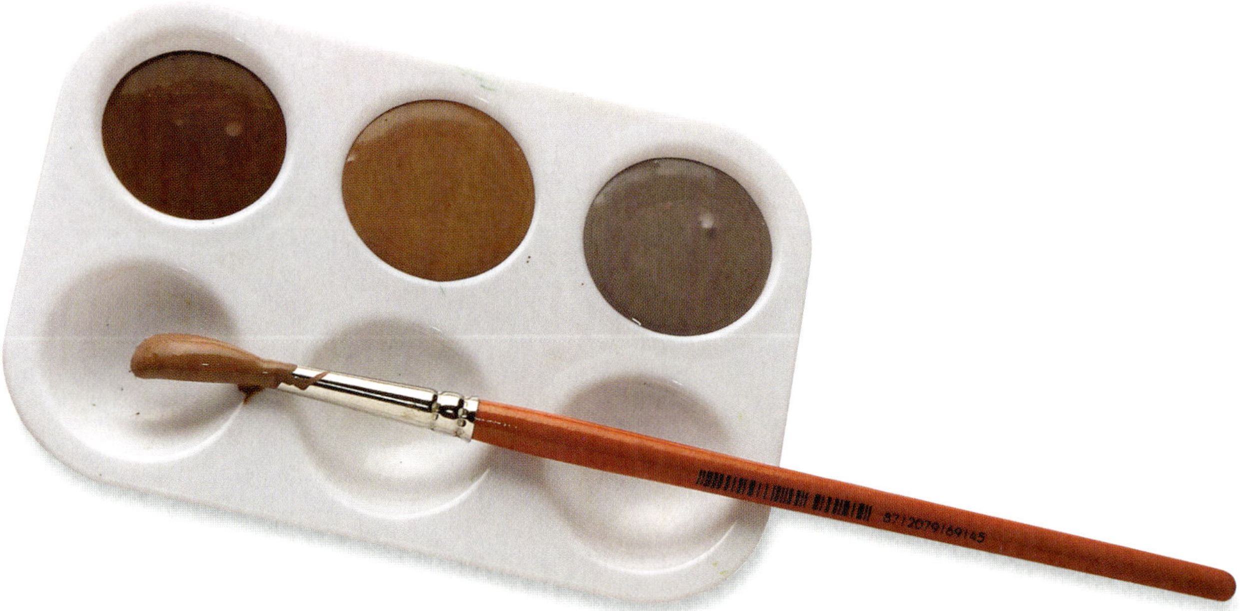

3 Überlege dir die richtige Farbe für die Berge. Mische die braune Farbe mit Weiß, sodass drei unterschiedliche Brauntöne entstehen.

4 Male mit dem hellsten Braun den kleinen Berg an, mit dem mittleren Braun den mittelgroßen Berg und mit dem dunkelsten Braun den größten Berg. Lass die Farbe gut trocknen, bevor zu anfängst, die Berge zu verzieren.

5 Wenn die Farbe trocken ist, klebst du auf den kleinsten Berg halbierte Zahnstocher und grünes Krepppapier in Stückchen. Jetzt wachsen Bäume auf deinem Berg.

6 Auf den mittleren Berg klebst du Korkstückchen. Das sind Felsbrocken, die auf diesem Hang liegen.

7 Und was passiert mit dem größten Berg? Streiche mit dem Klebestift etwas Kleber auf die Gipfel und streue Mehl darauf. So bekommen sie eine Schneedecke.

8 Als Letztes knickst du die drei Berge hoch. Fertig ist deine räumliche Landschaft mit Perspektive.

Malen, basteln und lernen

- Mit räumlicher Perspektive arbeiten, indem Elemente verschiedener Größe hintereinander angeordnet werden.
- Die Perspektive auch in der Natur erkennen, z. B. bei einem Gebirge.

Die Figur

Körper und Gegenstände unterscheiden sich durch ihre äußere Form, also ihre Figur.

Die einfachsten Figuren sind diejenigen, die nur ihre Vorderseite zeigen (flächige Figuren). Solche Figuren sind in den ersten Zeichnungen von Kindern zu sehen.

Wenn das Kind älter wird, kann es erkennen, dass Gegenstände ein Volumen haben und daher eine Vorder und eine Rückseite, eine Ober- und eine Unterseite sowie unterschiedliche Seiten haben.

Kinder können nun versuchen, Gegenstände mit ihrem Volumen (räumlich) nachzubilden.

Schau dir ein Auto an und forme dann diese Figur aus Knetmasse! So bekommst du eine räumliche Figur.

Gegenstände und Figuren

Um einen Gegenstand zu erkennen, werden Gesichts- und Tastsinn gebraucht. Mit ihnen lassen sich die Figur, die Struktur, die Farbe und die Funktion des Gegenstandes erkennen.

Es gibt runde Gegenstände, etwa einen Apfel, einen Ball oder einen Teller.

Es gibt zylindrische Gegenstände, etwa einen Bleistift, eine Flasche oder einen Baumstamm.

Dann gibt es noch Gegenstände mit Winkeln, etwa einen Tisch, eine Gabel oder einen Bleistiftspitzer.

Auch beim Berühren der Gegenstände lernt das Kind, Unterschiede und Einzelheiten ihrer Figur wahrzunehmen.

Dabei können zwei Gegenstände dem gleichen Zweck dienen, aber verschiedene Figuren haben – wie diese Tassen.

Menschliche Figuren

Als erstes erkennen Kinder menschliche Figuren.

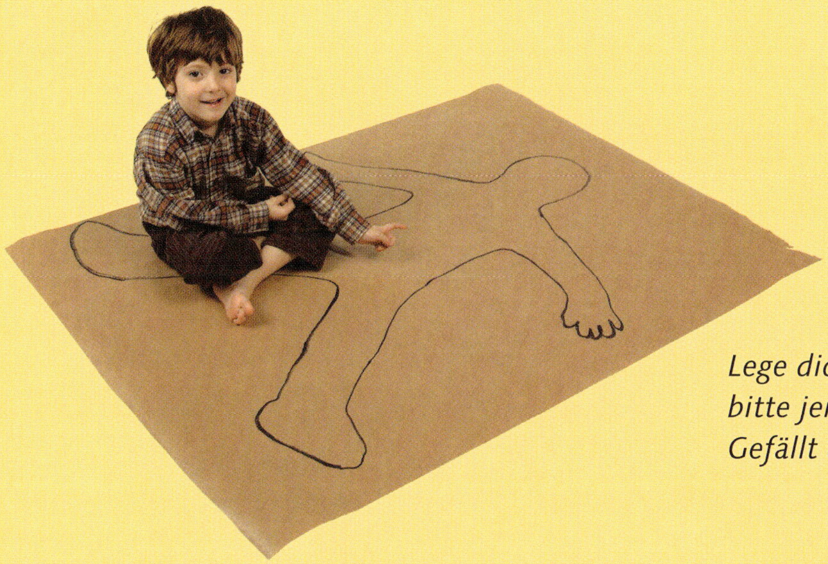

Lege dich auf ein großes Stück Packpapier und bitte jemanden, deine Figur nachzuzeichnen. Gefällt dir dein Umriss?

Vor dem Spiegel lernt das Kind die wichtigsten Körperteile des Menschen zu unterscheiden: Kopf, Rumpf und Gliedmaßen.

Von diesem Wissen ausgehend werden weitere Einzelheiten wahrgenommen:

- Zum Kopf gehören das Gesicht, die Augen, die Nase, der Mund …
- Zum Rumpf gehören die Brust, der Nabel, der Bauch …
- Zu den Gliedmaßen gehören Arme, Beine, Hände und Füße …

Menschliche Figuren bieten außerdem Gelegenheit, Grundbegriffe der Maße und Proportionen einzuüben. Am Körper finden sich längere und kürzere Teile, dünnere und dickere …
Die Beine sind z. B. länger als die Arme und der Kopf ist größer als eine Hand.

Sonne und Mond

*Schau dir die schönen Formen von Sonne und Mond an,
dann kannst du sie ganz leicht
auf einem großen Karton nachbasteln.*

Material

- weißer Karton DIN A3
- schwarzes und blaues Buntpapier
- orange und gelbe Farbe
- Farbwalze
- schwarzer Filzstift
- Klebestift
- Prickelnadel und Filzunterlage
- Pergamentpapier
- Bleistift
- Büroklammern
- Vorlage (Seite 137)

Tipp:
Falls du keine Farbwalze hast, kannst du auch einen dicken Pinsel zum Anmalen benutzen.

1 Schneide als Erstes den weißen Karton in zwei Hälften und male eine Hälfte mit der Farbwalze orange an.

2 Male die andere Hälfte des Kartons mit der Walze gelb an und lass die Farbe dann gut trocknen.

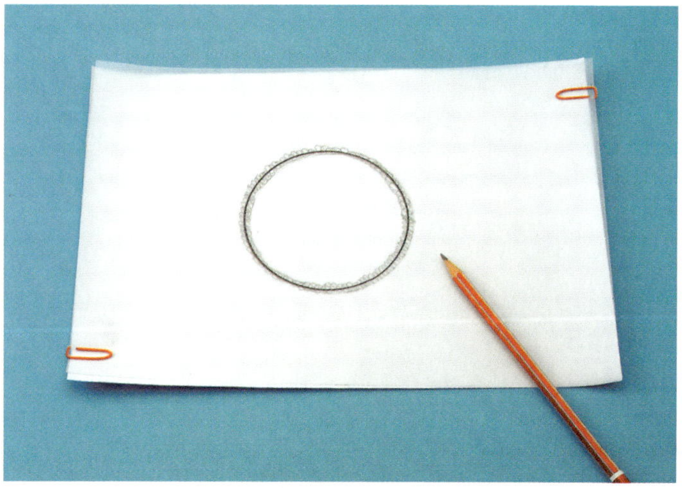

3 Während die Farbe trocknet, bereitest du Sonne und Mond vor. Übertrage von der Vorlage auf Seite 137 mit etwas Druck den Umriss der Sonne auf die Rückseite des blauen Buntpapiers.

4 Stich mit der Prickelnadel auf der Filzunterlage von der blauen Seite her den angezeichneten Kreis aus und nimm ihn aus dem Blatt.

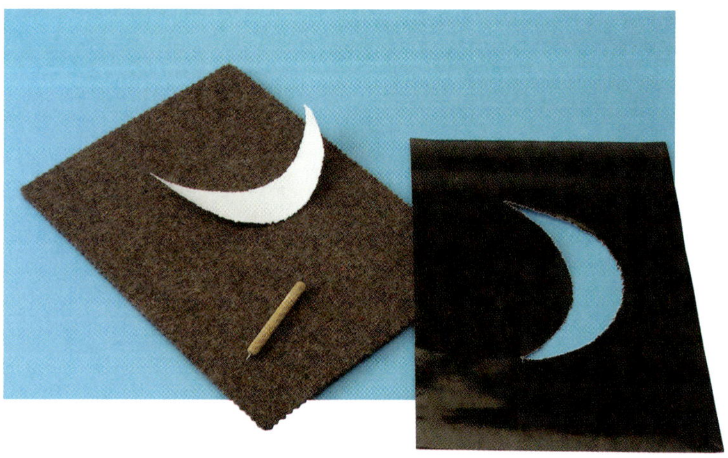

5 Übertrage genau wie eben auch den Umriss des Mondes von der Vorlage auf Seite 137 auf das schwarze Buntpapier und stich den Mond aus. Jetzt hast du zwei Sonnen und zwei Monde. Du brauchst aber nur das Papier, das übrig bleibt, wenn du die ausgestochenen Figuren herausnimmst.

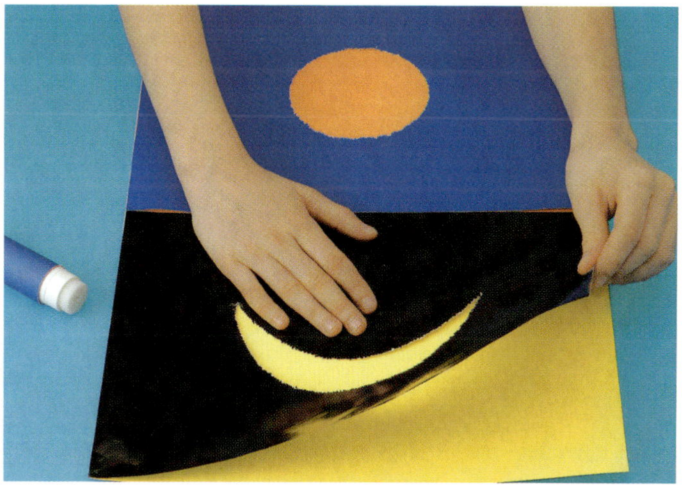

6 Klebe das ausgestochene blaue Buntpapier auf die Hälfte des Kartons, die du orange angemalt hast. Fertig ist die Sonne.

7 Zum Schluss klebst du das schwarze Buntpapier, aus dem du den Mond ausgestochen hast, auf die gelb angemalte Kartonhälfte. Nachts ist der Himmel schwarz und der Mond ist gelb; am Tag ist der Himmel blau und die Sonne ist orange. Genau wie auf deinem Bild.

Malen, basteln und lernen

- Die Formen von Sonne und Mond werden in der Natur beobachtet.
- Dann werden sie plastisch dargestellt.

Das bin ich

Möchtest du versuchen, deinen eigenen Körper mit verschiedenen Materialien auf einer Holzplatte nachzubasteln? Das ist gar nicht schwer.

Material

- Holzplatte
- orange Knetmasse
- flacher Radiergummi
- rosa Plakatfarbe
- blaue Plastikwäscheklammern
- rechteckige Pappschachtel
- bedruckter Stoff
- grünes Krepppapier
- Klebestift
- Pinsel
- Bleistift
- Schere

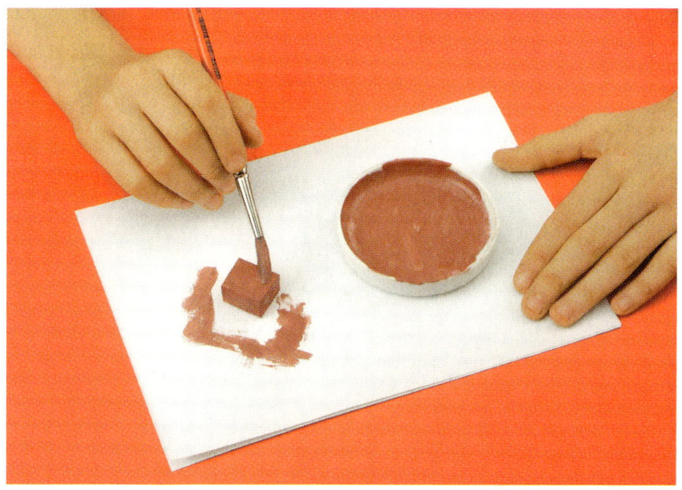

1 Zeichne zuerst einen Kreis auf die Platte und fülle ihn mit der orange Knetmasse aus. Das wird der Kopf deiner Figur.

2 Für den Hals malst du den flachen Radiergummi mit der rosa Plakatfarbe an.

3 Bereite den Rumpf vor, indem du eine rechteckige Pappschachtel rundum mit einem Stück Stoff beklebst.

4 Jetzt müssen wir diese Figur noch zusammensetzen. Klebe den angemalten Radiergummi mit dem Klebestift direkt unter dem Kreis aus Knetmasse auf das Holz.

5 Als Nächstes klebst du die mit Stoff bezogene Pappschachtel – den Rumpf – unter den Radiergummi.

6 Jetzt fehlen nur noch die Gliedmaßen: Klebe für die Arme je eine blaue Wäscheklammer rechts und links an den Rumpf.

7 Für die Beine rollst du zwei Streifen grünes Krepppapier auf und klebst sie unter die Pappschachtel. Ist das nicht ein lustiges Männchen?

Malen, basteln und lernen

Die grundlegenden Teile des menschlichen Körpers (Kopf, Hals, Rumpf und Gliedmaßen) erkennen und mit verschiedenen Materialien darstellen.

Spieglein, Spieglein

Es gibt Gegenstände, die die gleiche Funktion erfüllen, aber verschiedene Formen haben – so wie die beiden Spiegel, die wir hier basteln.

Material

- schwarzer Karton DIN A3
- weißer Karton DIN A3
- Aluminiumfolie
- grünes und rosa Seidenpapier
- rote, blaue und gelbe Fingerfarbe
- Klebestift
- Prickelnadel und Filzunterlage
- Schere
- Pergamentpapier
- Bleistift
- Vorlage (Seite 137)

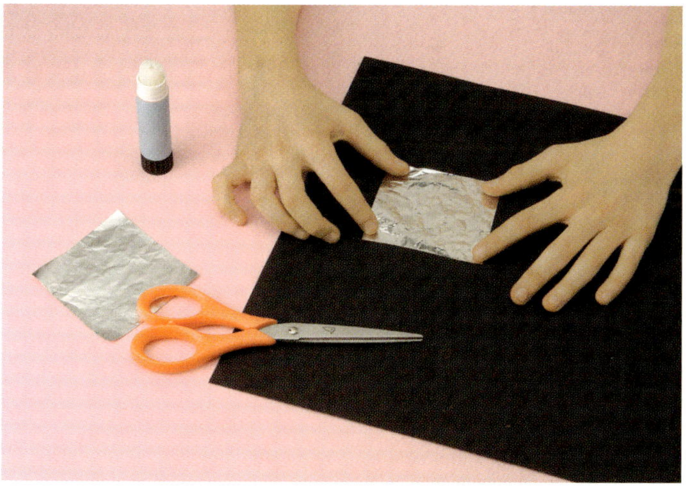

1 Schneide als Erstes aus der Aluminiumfolie zwei gleich große Quadrate aus und klebe eines der Quadrate an ein Ende des schwarzen Kartons.

2 Reiße das grüne und das rosa Seidenpapier in Stücke und forme daraus kleine Kugeln.

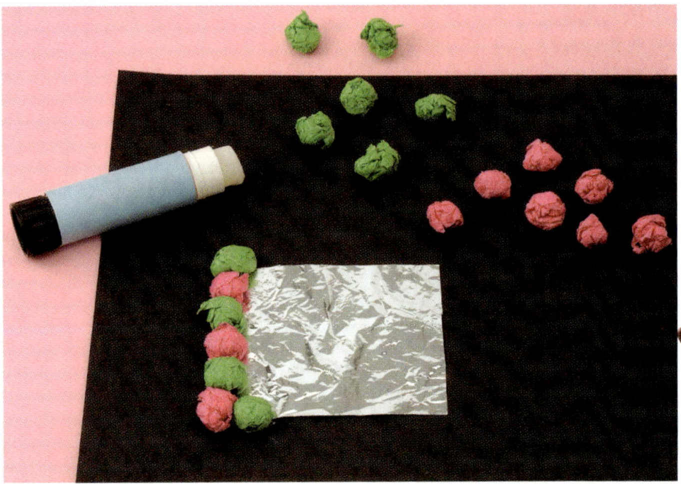

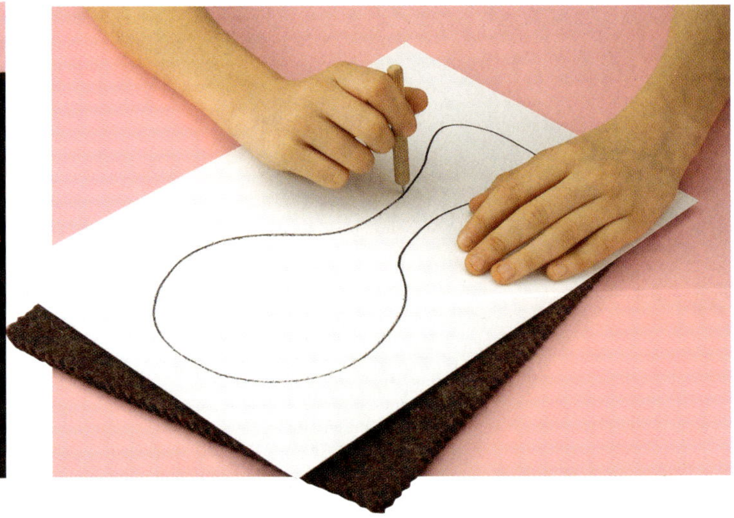

3 Klebe die Kugeln um das Quadrat aus Aluminiumfolie, das du auf den schwarzen Karton geklebt hast. Nimm dabei immer abwechselnd eine rosa und eine grüne Kugel.

4 Einen Spiegel hast du schon, jetzt kommt der zweite mit einer anderen Form. Übertrage von der Vorlage auf Seite 137 den Umriss des Spiegels auf den weißen Karton. Stich den Umriss auf der Filzunterlage aus.

5 Klebe in die Mitte des Spiegels das zweite Quadrat, das du aus der Aluminiumfolie geschnitten hast.

6 Verziere den Rand des Spiegels mit Tupfen aus roter, blauer und gelber Fingerfarbe.

7 Klebe zum Schluss diesen Spiegel neben den ersten auf den schwarzen Karton.

8 Jetzt kannst du die Spiegel vergleichen: Sie haben beide die gleiche Funktion, aber eine ganz unterschiedliche Form.

Malen, basteln und lernen

- Basteln von zwei Gegenständen mit gleicher Funktion, aber unterschiedlicher Form.
- Erkennen, dass die Funktion eines Gegenstandes nicht unbedingt mit seiner Form zusammenhängt.

Schmetterling

Hast du schon einmal die schöne Form eines Schmetterlings in der Natur bewundert? Verziere doch einfach den Deckel deiner Lieblingsschachtel mit diesem Motiv.

Material

- Deckel einer runden Pappschachtel
- gelbe und blaue Plakatfarbe
- grünes, längliches Blatt von einem Baum
- Blütenblätter
- Klebestift
- mehrere Pinsel

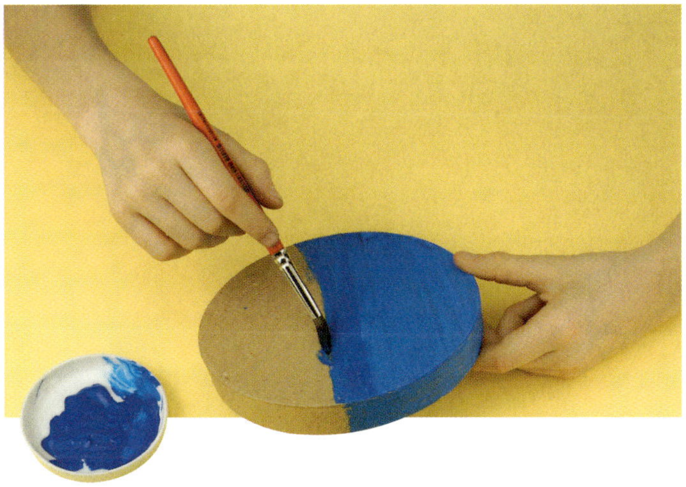

1 Male als Erstes den runden Schachteldeckel von außen blau an und lass ihn gut trocknen.

2 Wenn die Farbe getrocknet ist, klebst du das längliche grüne Laubblatt in die Mitte des Deckels.

3 Mische mit dem anderen Pinsel etwas gelbe und blaue Farbe, sodass ein Grünton entsteht. Male damit die Flügel und die Fühler des Schmetterlings auf den Deckel.

4 Jetzt kann der Schmetterling zwar fliegen, aber seine Flügel sehen noch recht langweilig aus. Klebe die Blütenblätter auf die Flügel und auch jeweils eins an das Ende der Fühler. Auf diese Weise kannst du noch mehr Schmetterlinge in anderen Farben basteln.

Malen, basteln und lernen

Die Figur eines Tieres wird flächig dargestellt.

Knetfigur

Wenn du in den Spiegel schaust, siehst du dich nur von vorn. Diese lustige Knetfigur hat jedoch eine Vorder- und Rückseite, die du unterschiedlich gestalten kannst.

Material

- Styroporkugel
- Knetmasse in verschiedenen Farben
- zwei Bleistifte
- bunte Wolle
- Zahnstocher
- Schere
- Klebestift

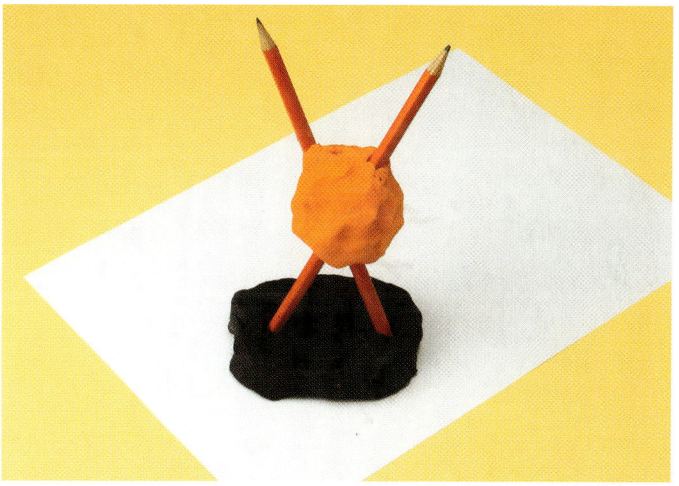

1 Forme zunächst aus der Knetmasse einen etwa drei Finger dicken Untergrund. Stecke die beiden Bleistifte über Kreuz hinein. Das werden die Arme und Beine deines Männchens.

2 Forme um die Stelle, wo sich die Bleistifte kreuzen, eine Kugel aus Knetmasse. Das wird der Rumpf der Figur.

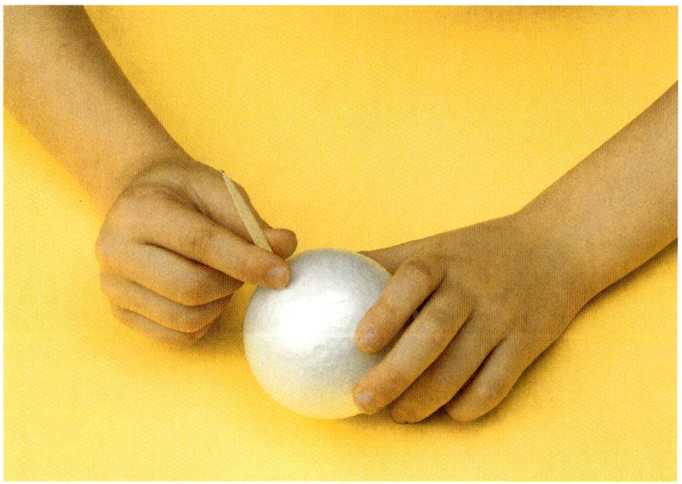

3 Jetzt fehlt ihr aber noch ein Kopf. Dafür steckst du einen Zahnstocher in die Styroporkugel. Wenn du keine Styroporkugel hast, kannst du den Kopf auch aus Knetmasse formen.

4 Stecke dann das andere Ende des Zahnstochers in den Körper aus Knetmasse. Schon hat die Figur einen Hals und einen Kopf und du hast eine räumliche menschliche Figur mit Vorder- und Rückseite gebastelt. Jetzt musst du sie nur noch verzieren.

5 Forme aus Knetmasse Kugeln in verschiedenen Farben.

6 Klebe zwei rosa Kügelchen (Augen) und eine kleine rote Wurst (Mund) in das Gesicht der Figur. Dann kommen noch drei bunte Kugeln auf den Rumpf als Knöpfe.

7 Schneide mehrere Stücke aus der bunten Wolle zu und klebe sie hinten auf die Styroporkugel, damit deine Figur auch Haare bekommt. Du kannst die Figur drehen wie du willst, sie sieht von vorn und von hinten schön aus.

Malen, basteln und lernen

- Den menschlichen Körper dreidimensional darstellen.
- Vorder- und Rückseite einer Figur erkennen und unterscheiden.

Kapitel 1

VORLAGEN

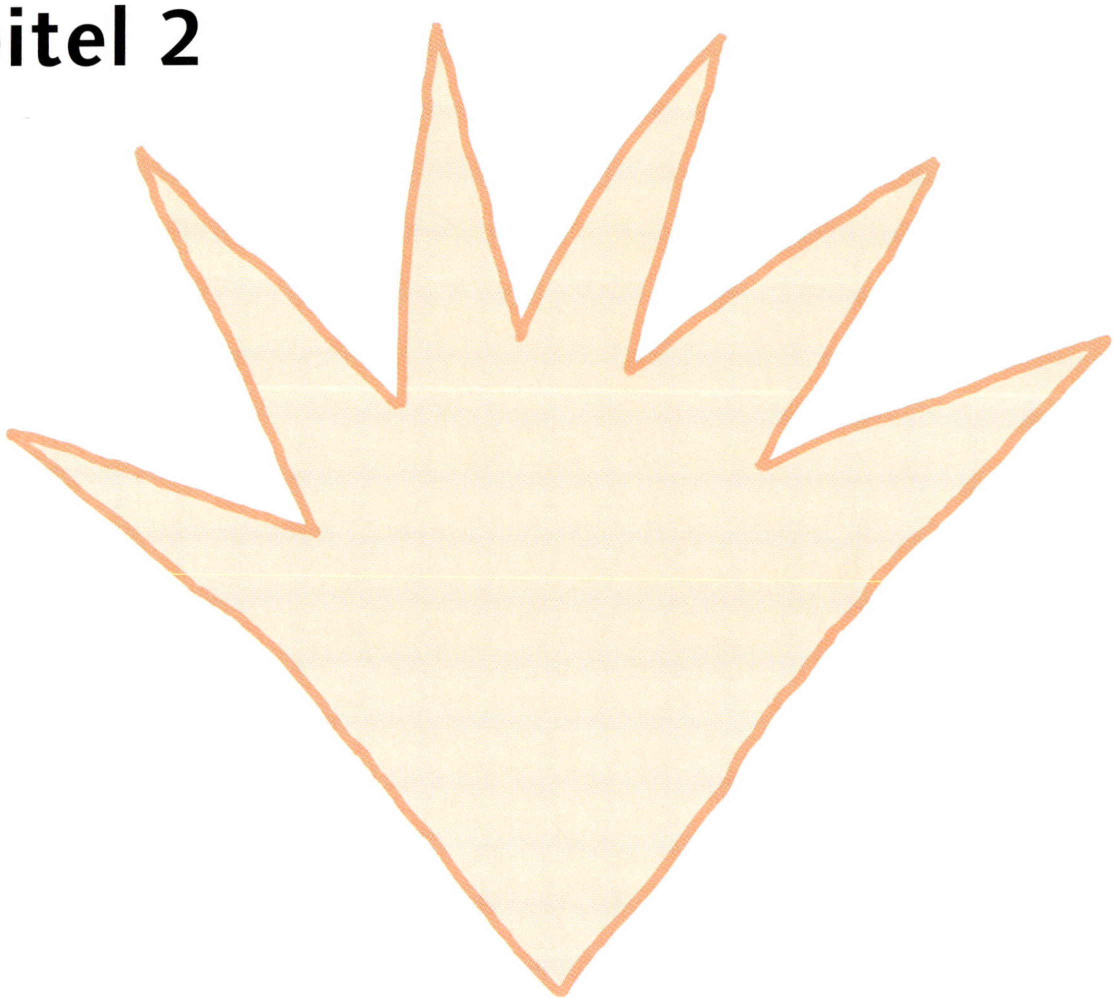

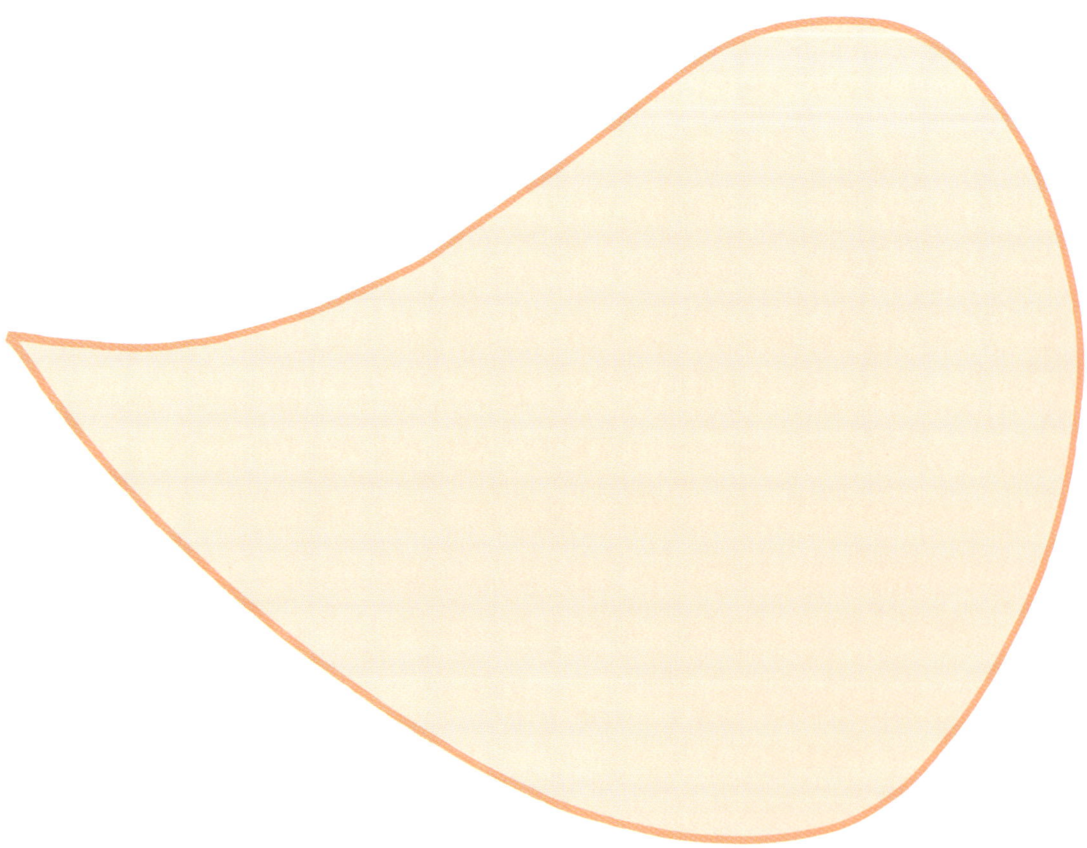

Kapitel 2

Kapitel 3

VORLAGEN

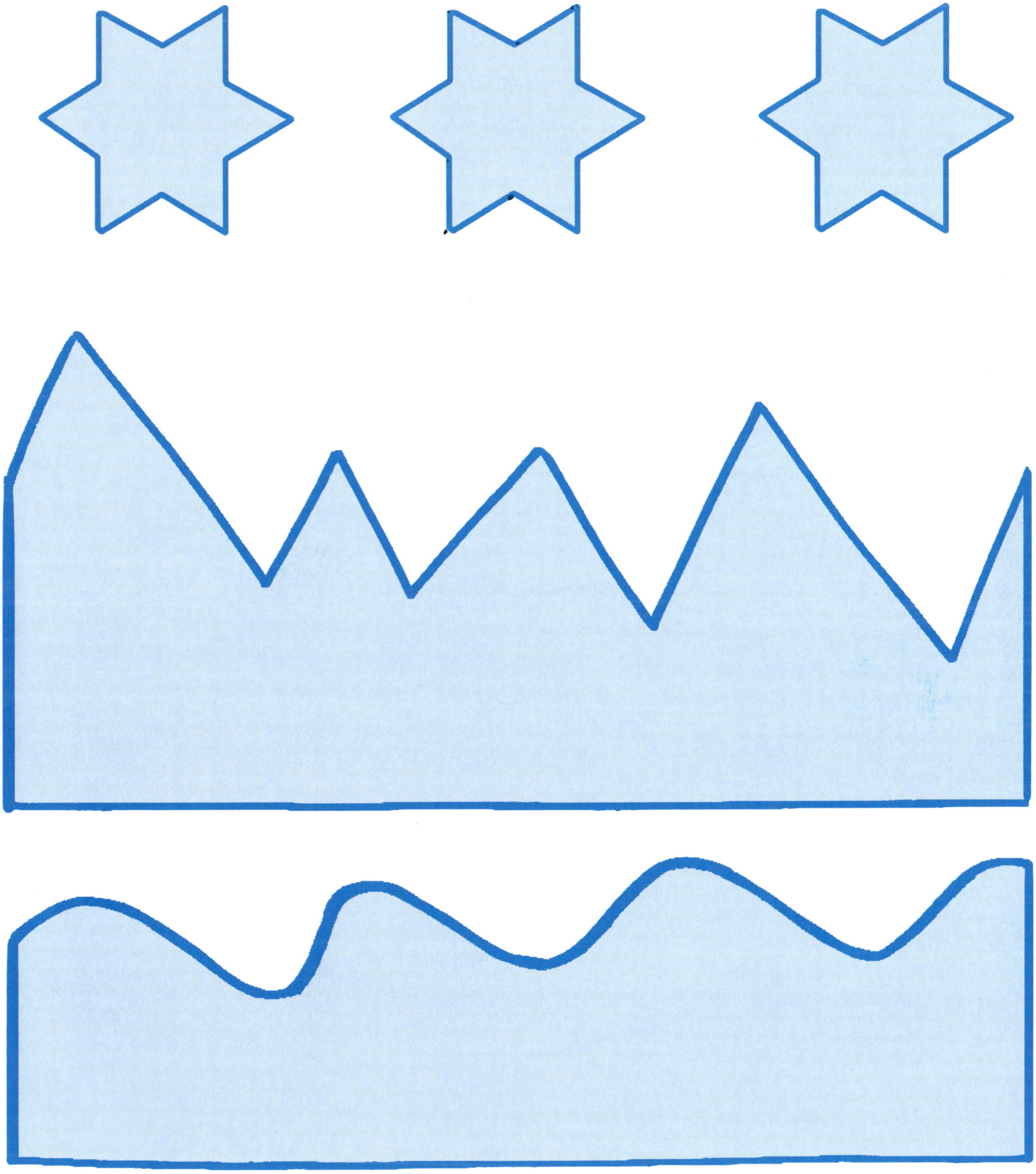

Kapitel 5

VORLAGEN

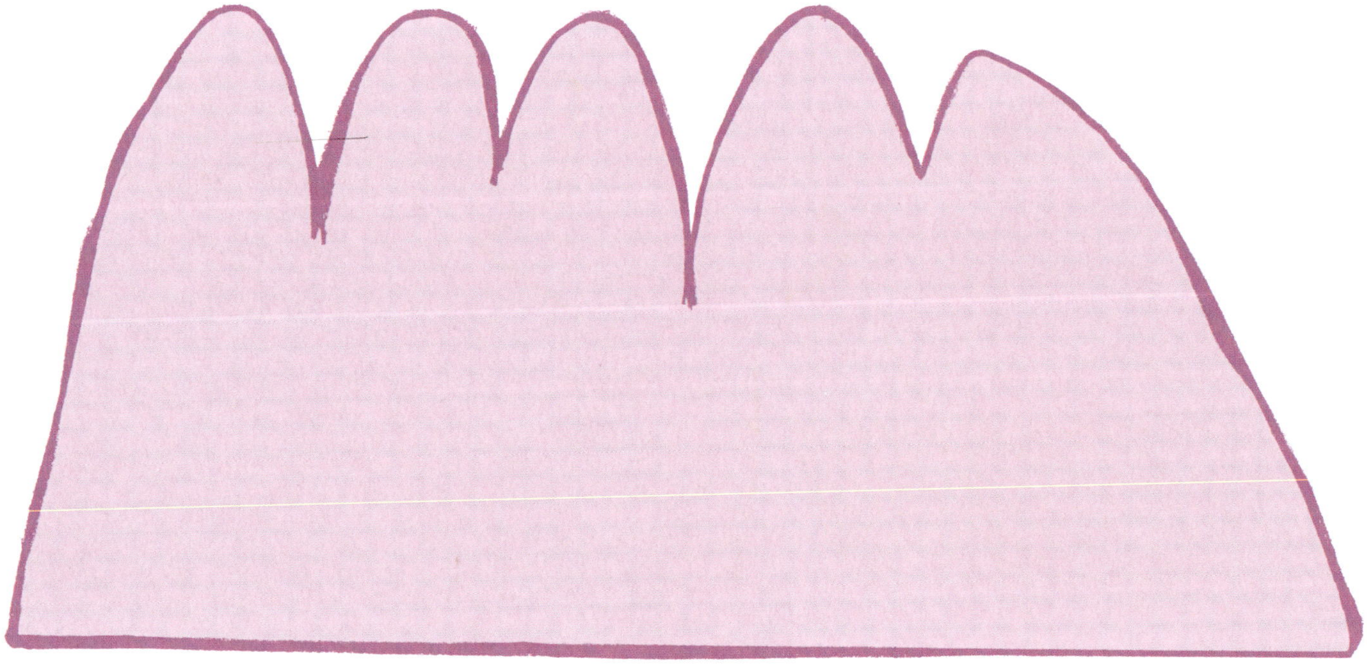

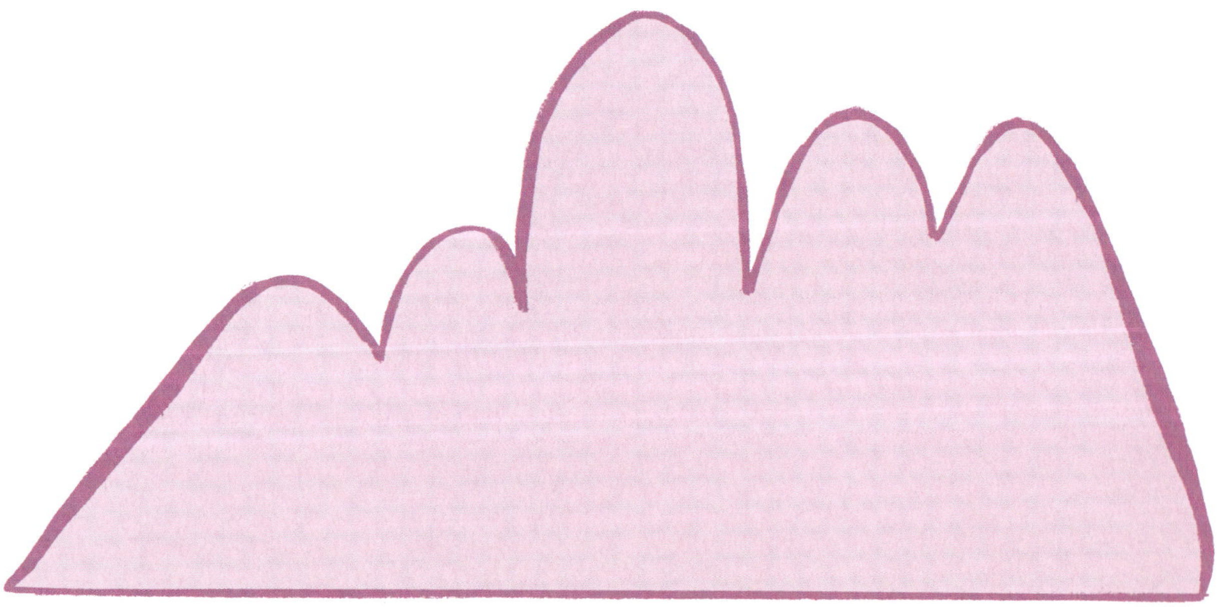

Kapitel 6

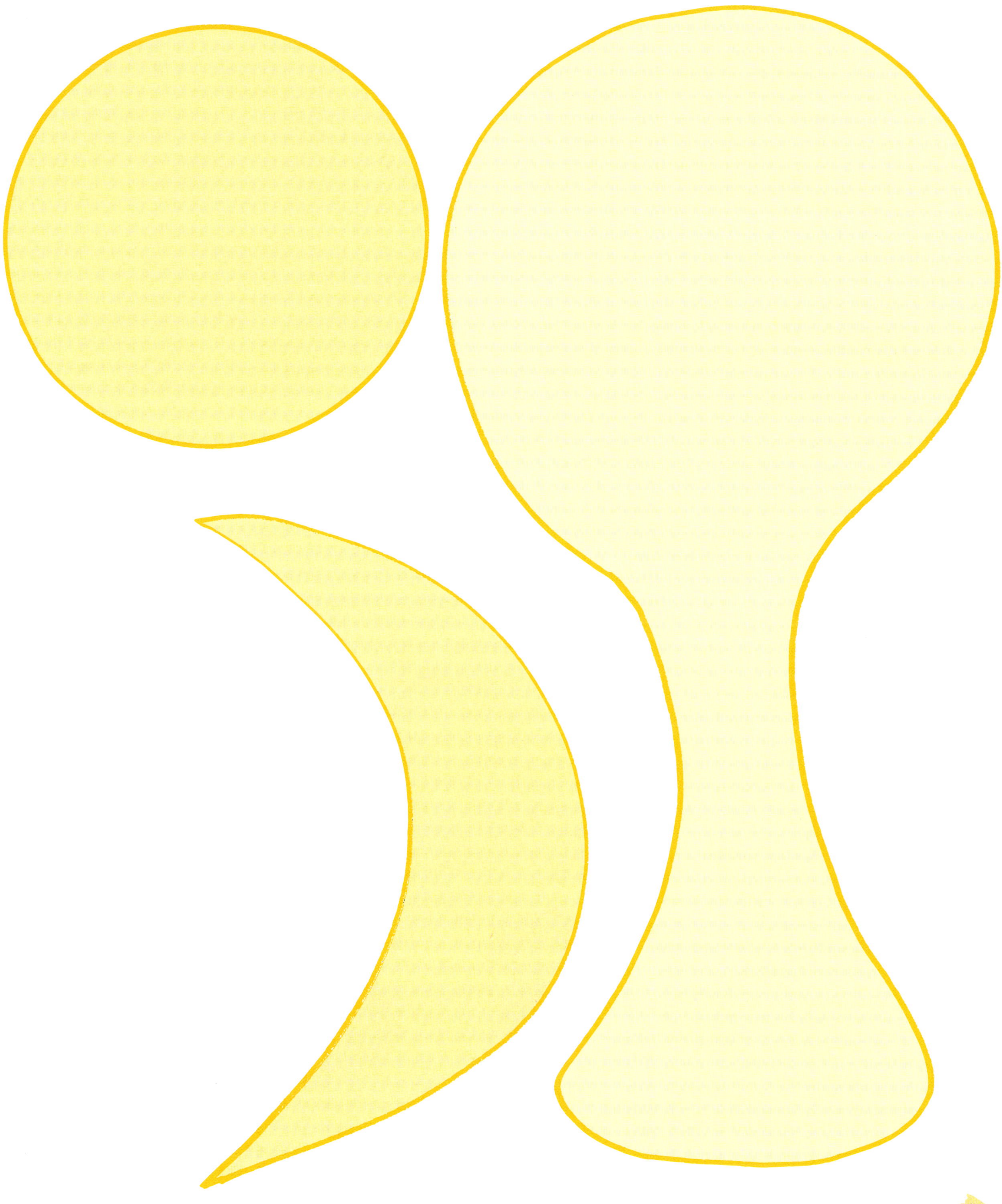

Register

Bibliografische Information der Deutschen Bibliothek

Die Deutsche Bibliothek verzeichnet diese Publikation in der Deutschen Nationalbibliografie; detaillierte bibliografische Daten sind im Internet über **http://dnb.ddb.de** abrufbar.

Die Schreibweise entspricht den Regeln der neuen Rechtschreibung.

4 3 2 1 08 07 06 05

©2005 Ravensburger Buchverlag
Otto Maier GmbH
Postfach 18 60
88188 Ravensburg
für die deutsche Ausgabe
Alle Rechte, auch die des auszugsweisen Nachdrucks, der fotomechanischen Wiedergabe und der Übersetzung, vorbehalten.

Umschlaggestaltung: Eva Bender
Umschlagfoto: Heidi Velten
Übersetzung aus dem Spanischen: Susanne Bonn
Redaktion: Susanne Wahl

Titel der Originalausgabe: ME DIVIERTO CON ...
(El Punto y La Linea, Los Colores, Las Formas, Las Texturas, Las Medidas, Las Figuras)
Originalausgabe © Parramón ediciones,
S. A. Barcelona, España
World Rights reserved

Printed in Germany

ISBN 3-473-37000-2

www.ravensburger.de

Weitere Bücher mit wertvollen Anregungen für Eltern und Erzieher:

Basteln mit Kindern
Neue Bastelideen für Kinder ab 4 Jahren
Schon die Kleinsten können mit einfachen Techniken fantasievolle Bastelarbeiten selbstständig gestalten: kleine Geschenke, Praktisches und Dekoratives fürs Kinderzimmer, tolle Requisiten zum Verkleiden und Theater spielen.
ISBN 3-473-**37856**-9

Johanna Friedl
Spaß am Spielen und Lernen
Das große Ravensburger Buch der Frühförderung
Die ersten Lebensjahre sind entscheidend für die Entwicklung des Kindes. Von der emotionalen Kompetenz über Sprachverständnis bis zu Konzentration und Kreativität: Dieses Buch bietet über 200 Anregungen, wie man Kinder altersgerecht unterstützen und in allen Bereichen umfassend fördern kann.
ISBN 3-473-**37860**-7

Ute und Tilman Michalski
Das große Ravensburger Bastelbuch
Neue Ideen für kreatives Gestalten
Über 90 einfallsreiche und fantasievolle Bastelideen für das ganze Jahr. Schritt-für-Schritt entstehen kleine Kunstwerke aus Papier, Pappe, Wachs, Ton, Holz, Blech, Draht, Stoff und Wolle.
ISBN 3-473-**37853**-4

Hermann Krekeler/
Marlies Rieper-Bastian
Spannende Experimente
Naturwissenschaft spielerisch erleben
Über 60 tolle Experimente zum Staunen, Forschen und Entdecken. Spielerisch entdecken Kinder naturwissenschaftliche Zusammenhänge.
ISBN 3-473-**37348**-6

Ute und Tilman Michalski
Das Ravensburger Werkbuch Holz
Vom Grundwissen über Holz und Holzbearbeitung über leichte Arbeiten bis hin zum anspruchsvollen Werkstück zeigt und erklärt dieses Buch alles Schritt für Schritt.
ISBN 3-473-**37820**-8

M. Angels Comella
Ravensburger Kindermalschule
Diese große Kindermalschule führt anschaulich ein in das Malen mit Wachsfarben, Wasserfarben, Plakatfarben, Bunt- und Filzstiften. Eine Fülle von anregenden Bildbeispielen und fotografierte Schritt-für-Schritt-Anleitungen machen die Umsetzung ganz einfach.
ISBN 3-473-**37854**-2

Gute Idee. Ravensburger